프로를 꿈꾸는
작은 거인들에게

# 프로를 꿈꾸는
# 작은 거인들에게

초판 1쇄 발행 ｜ 2008년 7월 15일

지은이 ｜ 김현태
펴낸이 ｜ 이종록
편　집 ｜ 조민호, 이소현
디자인 ｜ 박원석
마케팅 ｜ 김성학, 이용석
경영지원 ｜ 이지혜

펴낸곳 ｜ 스마트비즈니스
출판등록 ｜ 2005년 6월 18일(제313-2005-00129호)
주소 ｜ 121-250 서울시 마포구 성산동 293-1 2층
전화 ｜ 02)336-1254
팩스 ｜ 02)336-1257
이메일 ｜ smartbiz@sbpub.net

ISBN 978-89-92124-42-3 03320

스마트주니어는 스마트비즈니스의 청소년물 출판 브랜드입니다.

# 프로를 꿈꾸는
# 작은 거인들에게

김현태 지음

□□즈

## 미래의 프로들이여, 도전과 용기로 꿈을 이뤄라!

　누구나 자기의 꿈이 이뤄지기를 바랍니다. 하지만 아무나 그 꿈을 이룰 수 있는 건 아닙니다.

　꿈을 정하고 계획하고 그 꿈을 이루기 위해 노력해야만, 지금보다 나은 미래를 맞이할 수 있습니다. 여기서 말하는 노력이란 단순한 노력을 말하는 게 아닙니다. 좀 더 과격하게 말하자면 '미쳐야 한다' 는 것입니다.

　꿈을 이룬 사람들을 보십시오. 에디슨은 어땠습니까? 그는 평생을 발명에 미쳐 있었습니다. 빌 게이츠는 어땠습니까? 역시 그도 컴퓨터에 미쳐 그것에 인생을 걸었습니다.

　그들만 그런 게 아닙니다. 파브르는 곤충에 미쳤고,

포드는 자동차에 미쳤으며, 박지성은 축구에 미쳤습니다. 그렇게 미쳤기 때문에 그들은 자신의 꿈을 이룰 수 있었습니다.

'미친다'는 말, 그 말은 곧 그 분야에서 감히 그 누구도 넘볼 수 없는 최고의 1인자, 즉 '프로'가 되었다는 의미입니다.

우리가 사는 이 시대는 점점 프로들에 의해 움직이고 있습니다. 100가지 일을 어리바리하게 하는 것보다, 한 가지 자신의 전문분야를 가지고 그 분야에서 탁월한 능력을 발휘하는 사람이 주목받고 인정받고 존경받고 성공을 꿰찰 수 있는 것입니다.

여러분, 프로가 되십시오. 프로근성을 가지십시오.

'난 뭐 하나 잘하는 게 없어.'

'남들은 이미 저만치 앞서가는데 나는 여전히 제자리야.'

여러분 중에 혹여 스스로를 믿지 못하고 낙담하는 친구가 있을지 모릅니다. 그렇다면 이제부터는 그 생각을 마음 밖으로 던져버리고 그 빈자리에 도전과 용기를 채우십시오.

여러분은 진정한 프로가 될 수 있습니다. 여러분에게는 아직도 많은 시간이 남아 있기 때문입니다. 아직 젊다는 말이죠.

젊다는 건 무한한 꿈을 담아낼 수 있는 넓은 가슴을

가졌다는 말입니다. 성공의 계단을 오를 수 있는 튼튼한 다리를 가졌다는 말입니다. 한 가지에만 미칠 수 있고 그 한 가지를 위해 열심히 달릴 수 있는 뜨거운 심장을 가졌다는 말입니다.

이 책은 여러분을 진정한 프로가 될 수 있도록 이끌어주는 인생의 지침서가 될 것입니다.

이 책은 수영선수 박태환, 축구선수 박지성, 영화배우 안성기, MC 이경규, 가수이자 연예기획자 박진영, 소설가 공지영, 기업가 안철수 등 자기 분야에서 최고의 자리에 오른 프로들을 소개하고 있습니다.

이 프로들이 했던 빛나는 말과 그들의 삶을 통해 열정과 프로정신을 본받기 바랍니다. 그리고 여러분 모두 오늘 밤에 거울 앞에 서기 바랍니다. 그래서 자기 마음속 꿈을 들여다보십시오. 미래를 내다보십시오.

내가 간절히 원하는 것은 무엇이고 내가 바라는 미래는 무엇인지 거울에 비친 스스로에게 물어보십시오. 그리고 그 해답을 꼭 찾기 바랍니다.

먼 훗날 모두가 각 분야에서 최고의 프로가 되어 있을 거라 믿고 마지막으로 여러분께 '침묵의 성자'로 알려진 인도의 영적 스승 바바하리다스가 한 말을 전합니다.

"한 가지의 길만으로도 목적지에 이르기는 충분하다. 한쪽 길을 반쯤 가다가 그만두고, 다른 길로 반쯤

가다가 그만두고 하는 행위는 아무런 진전도 보장할
수가 없다. 하지만 어떤 길이 그대에게 맞지 않을 때
는 그것을 과감하게 바꿀 수 있는 용기 또한 살아가는
데 필요하다."

**마음은 언제나 태양**
**김현태**

차례

**CHAPTER 3**
**경제계**

**CHAPTER 4**
문화·예술계

# 1

## 연예계

> "60여 명 정도 되는 스태프와 배우들이 잘 차려놓은 밥상을 저는 맛있게 먹기만 하면 되거든요."

영화 「너는 내 운명」으로 제26회 청룡영화상 남우주연상을 수상했을 때 황정민이 남긴 말.

## 영화배우 황정민

모든 역할들을 사람 냄새 나는 캐릭터로 만들어내는 배우다. 오랜 연극 무대를 통해 연기 내공을 쌓았다. 영화 「와이키키 브라더스」「바람난 가족」「달콤한 인생」 등에 출연했으며, 「너는 내 운명」에서 진솔하고 감동적인 연기로 청룡영화상 남우주연상을 수상하기도 한 우리 시대 최고의 영화배우다.

# 가장 낮은 곳에서 위대한 꽃이 핀다

## 겸손은 자기 자신을 더욱 크게 만든다

요즘 사람들은 하나같이 높은 곳을 차지하기 위해 발버둥친다. 이해타산에 의해 원만했던 관계도 하루 아침에 배신과 증오의 관계로 바뀐다. 또한 남의 업적을 가로채서 자신의 업적인양 으스대는 얌체도 있다. 심지어 오래도록 우정을 나눈 친구를 나 몰라라 버리는 경우도 있다.

그렇게 해서 다소 이익을 얻거나 좋은 자리를 차지한다고 하자. 그렇다고 그것이 정말로 자신의 발전에 도움이 될까? 단호하게 말하지만 그렇지 않다. 좋은 자리에 오른다고 한들 남들에게 손가락질을 당하면 무슨 소용이 있을까?

성공의 문을 향해 달려가기 위해서는 열정과 패기가 반드시 필요하다. 그러나 빼먹어서는 안되는 덕목 하나가 더 있다. 그건 바로 '따뜻한 겸손'이다.

겸손하지 못한 사람은 사람들을 끌어 모을 수 없다. 또한 사람의 마음을 얻을 수도 없다. 겸손한 사람만이 존경과 사랑을 얻을 수 있고 행복한 성공이라는 큰 선물까지 보너스로도 얻을 수 있다. 겸손은 자신을 작고 나약하고 소심하게 만드는 게 아니다.

조선 전기 좌의정을 지낸 맹사성의 스무 살 때 일화를 살펴보자.

스무 살에 그는 경기도 파주 군수라는 자리에 올랐다. 열아홉 살 어린 나이에 장원급제를 한 것이다. 그 나이에 군수라니 자만심이 얼마나 많았겠는가? 그때 그는 한 노승을 찾아가 좋은 말씀을 구했다.

"스님, 제가 이 고을을 다스릴 때 가장 필요한 덕목이 무엇인지 말씀해주십시오."

노승은 미소 지으며 나지막이 말했다.

"너그러운 마음으로 백성을 대하고 착한 일을 많이 베풀어주십시오."

그러나 맹사성은 입술을 내밀며 대꾸했다.

"그건 이미 공부를 해서 다 아는 이야기입니다. 스님을 만나기 위해 먼 길을 왔는데 다른 깊이 있는 말씀은 없습니까?"

노승이 찬찬히 대답했다.

"중요한 건 실천입니다. 백 번 깨닫는 것보다 한 번 행동하는 것이 더 낫다지 않습니까?"

맹사성은 자신의 지식을 자랑할 요량으로 말했다.

"백문불여일견, 백견부여일각, 백각부여일행(百聞不如一見, 百見不如一覺, 百覺不如一行)을 말씀하신 것이지요?"

맹사성은 더 얻을 것이 없다고 생각해 자리에서 일어났다. 그러자 노승이 녹차나 한잔 하고 가라며 그를 붙잡았다.

노승이 찻잔 가득 녹차를 넘치게 계속 따랐다. 맹사성이 놀라서 소리쳤다.

"스님, 찻물이 넘쳐 방바닥이 다 젖습니다."

그러자 노승이 넉넉한 표정으로 말했다.

"녹차가 넘치는 건 알면서도 왜 지식이 넘쳐 좋은 인품을 망치고 있는 걸 모르십니까?"

맹사성은 자신의 교만을 부끄러워하며 말했다.

"스님, 오늘 정말로 귀한 말씀 들었습니다. 겸손한 마음으로 평생을 살겠습니다."

그후 맹사성은 겸손을 최고의 덕목으로 삼았고 좌의정까지 오르며 존경받는 재상이 될 수 있었다.

## 겸손은 조용하지만 오래간다

친구 중에 우쭐대거나 과장하기를 좋아하는 사람이 있을 것이다. 그런 사람들은 성격상 외향적인 면이 강한 것도 있겠지만 어쩌면 자신감이 없고 열등의식을 가진 사람일 수도 있다. 자신을 돋보이게 하지 않으면 왠지 자신이 작아진다는 느낌 때문에 일부러 으스대고 큰소리로 말하는 경향이 있다.

그러나 마음속에 강한 자신감을 가진 사람들은 그렇지 않다. 말과 행동을 굳이 과장하지도 않고, 있는 그대로 진솔한 모습을 보여줘도 언젠가는 내 자신이 돋보일 거라는 믿음이 있다. 또한 겸손함이 자신을 초라하고 낮추는 것이 아니라 오히려 더 가치 있고 높게 만든다는 진리도 알고 있다.

예전 코미디 프로를 보면 '결투' 라는 소재가 흔하게 등장했다. 두 명의 무사가 둥근 원을 그리며 서로에게 칼을 겨눈다. 그리고 늘 실력이 부족한 무사는 요란한 소리와 함께 과장된 행동으로 상대방을 위협한다. 그러나 고수는 다르다. 미동조차 하지 않고 심지어 눈을 감는다.

결과는 누구나 다 알듯 고수의 칼끝에 상대방은 금세 제압당하고 만다. 이처럼 고수는 요란하거나 과장하지 않는다. 그는 단지 칼을 잘 쓰는 무사가 아니다. 상대방의 마음을 읽고 상대방의 마음을 끌어당기는 자신감 넘치는 인생의 고수다. 자신감이 있는 자만이 겸손이라는 여유를 지닐 수 있는 것이다.

세상의 중심은 나다. 이런 생각을 갖고 산다는 건 참 중요한 일이다. 그러나 간혹 가다 그 마음이 지나쳐 남을 배려할 줄 모르고 겸손을 잃은 사람이 있다. 그런 사람은 결국 혼자가 될 수밖에 없다.

존 던이라는 시인은 "인간은 섬이 아니다"라는 말을 했다. 겸손은 부드럽지만 강하다. 겸손은 조용하지만 오래간다.

우리는 황정민의 '밥상'을 통해 이 같은 사실을 알고 있다. 황정민이 밥상 소감을 한 뒤 웬만한 시상식의 수상 소감에서 그의 말이 패러디가 되고 있다. 그것만으로도 겸손의 힘이 얼마나 강하고 오래가는지를 짐작할 수 있는 것이다.

"많은 사람들이 '옥동자' 이후에 못할 거라고 했는데…… 끝까지 코미디를 사랑하며 최선을 다하는 코미디언이 되겠습니다."

'골목대장 마빡이'로 2006 KBS 연예대상 코미디 부문에서
최우수상을 받을 때 정종철이 수상 소감으로 한 말.

## 개그맨 정종철
KBS 개그맨 공채 15기인 그는 특이한 외모와 각종 성대모사로 사람들의 웃음을 자아냈다. 특히 「개그콘서트」의 코너 '봉숭아학당' 과 '골목대장 마빡이' 코너에서 옥동자와 마빡이 캐릭터로 최고의 인기를 얻었다.

## 한계에 부닺히면 물러서지 말고 껴안아라

### 나는 나를 넘어섰다

몇 년 전 한 자동차 회사에서 이색적인 광고 시리즈를 선보인 적이 있다. 그 컨셉트는 '나는 나를 넘어섰다'였다. 모델로는 가수 보아, 영화감독 박찬욱, 모델 김민철 등이 있었는데 가장 인상적인 건 바로 모델 김민철편이었다.

TV 화면 가득 130킬로그램의 헤비급 레슬러 김민철의 흑백사진이 보인다. 그리고 이어 자막이 흐른다.

"모두 나를 미쳤다고 했지만 나는 믿었다."

사실 김민철은 모델이 되고 싶어 했다. 그러나 그의 몸매로 모델은커녕 그냥 걸어 다니는 것도 힘겨워 보였다. 그렇기에 주위 사람들은 그의 꿈을 비웃고 놀려댔다. 그러나 그는 그 꿈을 품은 지 몇 년 되지 않아 세계 최대 패션소 중 하나인 오뜨 쿠뜨르에 남자 모델로는 처음으로 서게 된다. 패션모델로 성공한 그의 모습 뒤로 성우의 내레이션이 흘러나온다.

"나는 나를 넘어섰다!"

얼마나 가슴 뭉클한 광고인가. 아니, 그 광고를 만들 수 있도록 한 그의 삶이 참으로 대단하다. 그는 모델이 되고자 하는 꿈을 품고 레슬러를 그만둔 뒤 무작정 파리로 날아갔다. 그리고 2년에 걸쳐 무려 60킬로그램을 뺐고 밤낮으로 모델수업을 하면서 조금씩 몸을 만들어갔다. 남들은 절대로 안된다고 말했지만 그는 그 일을 해냈다. 사람들의 편견과 자신의 한계를 보기 좋게 뛰어넘은 그의 의지와 강한 정신력을 높이 평가하고 배워야 할 것이다.

누구나 한계에 부딪히게 마련이다. 그러나 그 한계를 받아들일 때 그것을 슬기롭게 극복해 더 나은 삶을 사는 사람이 있는가 하면, 한계 앞에 무릎을 꿇고 오랜 슬럼프에서 헤어 나오지 못하는 사람도 있다.

물론 누구나 다 한계에 부딪히면 일단 좌절하고 절망하는 게 인지상정이다. 문제는 그 다음이다. 한계에 봉착했을 때 지레 겁을 먹고 뒤로 물러나서는 안된다. 의연한 태도로 기꺼이 껴안아야 한다.

삶은 어차피 가시밭길이고 사막길이다. 한계는 눈만 뜨면 떠있는 태양처럼 누구에게나 그리고 언제나 찾아오는 일상이다. 한계를 극복하기 위해 매일매일 변화를 시도해야 한다. 그러면 한계를 대하는 마음도 유연해지고 그 충격도 절감할 수 있다.

## 한계는 나를 변화시키는 좋은 기회다

한계를 극복하기 위해선 스스로 변화해야 한다. 캔 블랜차드는 《경호》에서 변화에 대해 이렇게 말했다.

"변화란 단순히 과거의 습관을 버리는 것에 그치는 것이 아닙니다. 과거의 습관 대신에 새로운 습관을 익히는 것입니다."

중부대학교 이건영 총장은 지방대학이 생존하기 위해서는 그 한계를 뛰어넘는 새로운 창조를 해야 한다고 역설한다.

"작지만 강한 대학을 만들기 위해서는 '창조적 파괴'를 해야 합니다. 경쟁력이 없는 학과는 과감히 없애버리고, 비슷한 학과는 통합하며, 학생수도 단계적으로 줄여나가야 합니다."

어찌 지방대학만 해당되는 일이라 할 수 있겠는가. 우리가 사는 사회, 우리가 머무는 가정, 그리고 자기 자신에게도 필요한 말이다. 늘 자신을 파괴하고 새롭게 쌓는 일을 게을리 하면 안된다. 그렇지 않으면 시대에 뒤처지고 자기발전 없이 고인 물이 되고 만다.

한계를 극복하려면 세 가지를 명심해야 한다.

첫째, '기대치'를 높여야 한다.

한계는 스스로 그어놓은 선이다. 이상은 할 수 없다고 생각하면 정말로 그 이상은 할 수 없게 된다. 이보다 더 잘할 수 있다고 스스로 믿고 생각해야 기대 이상의 성과를 얻을 수 있다. 미리 주눅 들어 자신의 한계를 좁고 낮게 잡지 말아야 한다.

둘째, '불가능'이란 단어를 지워야 한다.

하늘과 땅과 바다를 만드는 건 신만이 할 수 있는 일이지만 그 외는 모두 인간이면 다 할 수 있다. 그렇기에 아무리 큰 벽을 만난다고 해도 불가능하다는 말을 내뱉지는 마라. 오래전 어떤 신문에 이런 기사가 실렸다.

1901년 : 인간이 비행을 가능하게 하는 기계적 조립은 불가능하다.

1926년 : 인간이 달에 간다는 건 근본적으로 불가능하다.

그러나 이 모든 것은 '가능'으로 바뀌었다.

셋째, 세상의 '편견'을 극복해야 한다.'

세상 사람들 모두가 내 편은 아니다. 때로는 반대 세력이 있을 수 있으며 그들은 편견이라는 족쇄로 내 발목을 잡을 것이다. 그렇다고 거기에 굴복해선 안된다. 편견과 한계는 극복하라고 있는 것이다. 그걸 극복한 사람만이 발전하고 미래가 있는 것이다. '난 이정도밖에 안돼', '원래 이렇게 태어났어' 라며 한계를 인정하면 안된다.

　한계는 실패한 사람들의 변명에 불과하다. '옥동자'에 머물러 있는가, '마빡이'로 재탄생하고 있는가? 남들이 못할 거라고 한 일을 해낸다면 그것만큼 통쾌하고 유쾌한 기쁨은 없을 것이다. 그 기쁨은 느끼고 싶다면 지금 한계의 벽 앞에서 높게 점프하라.

*"집에 불나는 일 외엔 소리치지 마라."*

연예계 후배 강호동의 결혼식에서 주례를 맡은 이경규가
힘주어 신랑·신부에게 당부한 말.

## MC 이경규

TV 방송 '몰래카메라', '양심냉장고' 등으로 국민들의 절대적인 지지를 얻은 그는 이 시대 최고의 입담꾼이다. 자신의 영역에서 벗어나 영화에도 관심이 많다.
주인공과 감독에 이어 영화 「복면달호」에서는 제작자로 나선 꿈 많은 만능 재주꾼이다.

## 화와 분노는 휴지통에 집어 던져라

### 마음속으로 크게 'Stop!'이라고 외쳐라

인간관계에서 반드시 발생하게 되는 나쁜 감정이 있다. 바로 '화'다.

마음을 나눈 사랑하는 사이에도 종종 서로에게 화를 낸다. 더군다나 이해타산을 따지는 사람과의 관계 속에서 화를 내지 않는 일이란 거의 불가능하다고 봐야 한다. 어차피 사람과의 관계란 나침반 없이 항로도 발견하지 못한 채 만나는 거친 파도와도 같다. 관계 속에서 내가 '화'의 주체가 될 수도 있고 객체가 될 수도 있다.

그렇다고 화를 자주 내라는 건 아니다. 화를 자주

내면 스스로 몸 안의 병을 키운다. 폭탄을 품고 사는 꼴이다. 화는 모든 병의 근원이다. 화를 너무 자주 내면 혈당과 혈압이 상승하고, 혈류에 변화가 생기고, 감각이 더 예민해지고, 근육이 긴장하고, 호흡이 빨라진다. 결국 신체의 모든 부분의 균형이 깨져서 몸의 통증을 유발하고 만다.

그렇다고 화를 마음속에 겹겹이 쌓아놓고 살 수도 없는 일이다. 마음 수양이 잘된 성인이나 마음을 비운 도인 같은 경우는 마음을 잘 다스려 화를 밖으로 표출하지 않을 수도 있겠지만 일반 사람들은 그렇지 못하다. 어찌 그들의 경지를 따라잡을 수 있겠는가.

오랫동안 화가 쌓이면 결국 마음속에 담아둘 공간 부족으로 인해 화병에 걸리고 만다. 화를 내되 슬기롭고 현명하게 내야 하는 것이다.

일단 화를 다스리는 네 가지 방법을 알아보자.

첫째, 하루에 열 번 이상 크게 웃어라.

웃음을 머금고 사는 사람은 화를 낼 틈이 없다. 하루에 열 번 이상 소리 내어 크게 웃어라. 장소불문 시간불문 미친 듯 웃어라. 그 웃음이 세상의 화를 다 녹일 것이다.

둘째, 다른 사람의 말에 귀를 빌려줘라.

다른 사람들의 말 속에 진리도 있고 세상을 살아가는 지혜도 있고 보너스로 재미도 있다. 자신의 말은 아끼고 다른 사람의 입장에 서서 귀 기울이면 화는 사라지고 그 사람과의 관계가 더욱 돈독해질 것이다.

셋째, 좀 느슨하게 살아라.

너무나 꼼꼼하고 완벽하게 일을 끝내려 한다면 날이 갈수록 예민해지고 신경질적으로 변하게 된다. 그럼 화도 쉽게 표출되게 마련이다. 조금은 느슨하고 여유로운 삶을 살자. 쫓기지 않고 여유를 가진다면 화는 설 자리가 없게 된다.

넷째, 마음속으로 'Stop!' 을 외쳐라.

중대한 판단이나 논리적인 설득에 앞서 화가 날 때가 있다면 일단은 그 판단 및 설득을 보류해야 한다. 화를 내면 그만큼 감정의 균형이 무너지기 때문에 합리적인 판단이나 설득을 하기 힘들어진다. 차를 마시든 아니면 긴 호흡을 반복하든 마음속으로 'Stop!' 하고 주문을 걸어 일단은 화를 없앤 다음 그 일을 진행해야 한다. 그럼 후회도 없고 원만하게 일을 처리할 수 있을 것이다.

## 화(anger)와 위험(danger)을 잘 살펴라

화를 극복하고 평온을 찾은 한 인물이 있다. 그의 이름은 캘빈 존슨이다. 그는 흑인인데 1983년 백인 여자를 성폭행했다는 죄목으로 재판장에 섰다.

백인으로 구성된 배심원들은 그를 진범으로 지목했다. 그러나 정작 그는 억울했다. 절대로 그럼 범죄를 저지르지 않았기 때문이다. 그러나 그 결정을 돌이킬 수 없었다. 결국 그는 16년이란 세월을 감옥에서 보냈다. 그러던 중 진범이 나타나 석방되었다.

감옥에서 나온 그에게 기자들이 물었다.

"그 긴 시간 동안 어떻게 분노와 울분을 참고 견뎠습니까?"

그러자 그는 너그러운 표정으로 말했다.

"분노와 울분의 심지에 굳이 불을 댕길 필요가 있겠습니까? 그러면 결국 나만 죽고 맙니다. 지금 나에게 중요한 것은 앞으로 어떻게 먹고사느냐입니다. 저 가봐야겠습니다. 일자리를 구해야 하거든요."

모든 것은 마음의 문제다. 화나 분노도 마음에서 시켜서 하는 일이기 때문에 문제의 해결책도 마음에 있다. 마음을 잘 다스리면 충분히 화를 물리칠 수 있다는 얘기다.

미국 제3대 대통령 토머스 제퍼슨은 서재에 이런 문구를 붙여놓았다.

"화가 나면 열까지 세고, 상대를 죽이고 싶으면 백까지 세라."

영어의 화(anger)와 위험(danger)을 살펴보면 화와 위험의 철자는 'd'라는 알파벳 하나가 있고 없고의 차이다. 화가 난 상태에서 저지른 행동이나 말은 그만큼 위험하다는 경고일 것이다.

L. 시버는 "자기 분노의 물결을 막으려고 노력하지 않는 자는 고삐도 없이 날뛰는 야생마를 타는 셈이다"라고 말했다.

될 수 있는 대로 가장 가까운 사람들끼리는 화내는 일이 없도록 해야 한다. 화가 나자마자 내뱉은 말은 상대방 가슴에 씻을 수 없는 비수를 꽂게 된다. 그리고 그 비수는 자기의 가슴으로 되돌아온다는 사실을 잊어서는 안된다.

"세상 사람들에게 내 눈을 빌려주고 싶어
요. 고통받는 이들을 보라고."

아프리카로 사회봉사활동을 다녀온 후 집필한 책
《꽃으로도 때리지 마라》 출간 소감에서 김혜자가 한 말.

**연기자 김혜자**
드라마 「전원일기」를 통해 한국의 전형적인 어머니상의 이미지를
보여준 그녀는, 「사랑이 뭐길래」 등 수십 편의 드라마와 CF에 출연
해 꾸준한 인기를 얻고 있으며 영화 「마요네즈」 등에도 출연했다. 또
한 월드비전 친선대사로 활동하면서 아프가니스탄 난민들의 참상을
전하기도 했다.

# 한 손은 나를 위해 다른 한 손은 남을 위해 써라

참된 아름다움은 얼굴이 아닌 마음에서 나온다

누군가를 돕는다는 건 참으로 어려운 일이다. 마음 속에서 우러나오지 않고 강요나 눈치에 의한 것이라면 그것만큼 곤혹스러운 일도 없다. 그런 마음으로 봉사한다면 봉사하는 내내 얼굴이 깡통처럼 찌그러진 채 수시로 짜증이 날 것이다. 봉사를 받는 사람의 마음도 불편해 서로에게 그다지 좋은 기억으로 남지 않는다.

봉사는 마음이 먼저 움직여야 한다. 행하기에 앞서 마음이 준비되어야 현장에서도 즐겁고 행복할 수가 있다. 가슴에 손을 얹고 그 안에 사랑이 충만하다고 느껴진다면 발걸음을 내디디면 된다.

영국의 비평가 러스킨은 이렇게 말했다.

"그대는 하루하루의 생활을 타인의 행복을 위해서 바쳐야 한다는 것, 될 수 있는 한 남을 위해서 일하지 않으면 안된다는 것을 마음속 깊이 깨닫고, 깊이 새겨 두라. 불평을 말하지 말고, 그것을 실행하라."

언제까지 나만을 위해, 내 가족만을 위해 기도를 할 것인가. 이제는 상대방을 위해, 그리고 인류를 위해 기도하고 그 기도를 실천으로 옮겨야 할 때다.

영화 「로마의 휴일」로 일약 스타가 된 오드리 햅번. 그녀의 귀여운 미소는 참으로 아름답다. 그러나 그녀를 더욱 아름답게 하는 건 그녀의 미소가 아니라 노후에 보인 봉사활동이다. 유니세프 친선대사로 활동하며 그녀는 아프리카 등의 난민과 기아에 허덕이는 어린이, 에이즈로 어려운 삶을 살고 있는 사람들을 만났다. 그리고 그들에게 용기와 희망을 심어주었다. 그녀가 자식에게 남긴 편지의 일부다.

"고통으로부터 구원받아야 하고 결코 누구도 버려져서는 안된다. 기억하라. 만약 도움을 주는 손이 필요하다는 사실을 깨닫는다면 너의 팔 끝에 있는 손을 사용하라. 너가 나이가 들면 손이 두 개라는 것을 발견하게 될 것이다. 한 손은 너 자신을 돕는 손이고 다른 한 손은 다른 사람을 돕는 손이라는 사실을."

봉사는 분명 남을 위한 일이다. 그러나 따지고 보면 봉사는 자기 자신을 위한 일이기도 하다.

남을 도운 적이 있는가? 남을 도우면 기분이 좋아지고 삶의 활력도 느끼고 인생의 보람도 느끼게 된다. 베풀지 않고서는 절대로 느낄 수 없는, 아주 특별한 기쁨과 행복이다. 또한 봉사는 건강에도 좋다.

구세군의 창시자 윌리엄 부스는 매우 병약한 사람이었다. 어느 날 그가 병원을 찾았는데 의사로부터 충격적인 말을 들었다.

"당신의 몸 상태는 지금 최악입니다. 이대로 과로를 지속한다면 곧 큰 위험이 닥칠지도 모릅니다. 명심하세요. 이대로 살다간 1년도 못 넘길지 모릅니다. 절대 안정, 절대 휴식만이 최고의 묘약입니다."

윌리엄 부스는 그동안의 불규칙한 삶을 버리고 사회의 약자들을 돕는 봉사활동에 전념했다. 그 봉사활동을 통해 기쁨을 얻었고 몸과 마음의 평화까지 얻어 83세까지 건강하게 장수하며 살았다.


*조건 없이 무료로 뜨겁게 안아주라*

"봉사하고 싶어도 나는 가진 것이 없다"라고 말하는 사람이 있다.

그러나 그건 잘못된 생각이다. 봉사는 반드시 물질

적인 것만으로 하는 것이 아니다. 가슴속 따뜻한 마음 한조각 나누는 것도 봉사라고 할 수 있다.

'프리허그'라는 말을 들어본 적 있는가? 서로 포옹하는 운동을 말하는데 이 운동의 창시자는 호주의 '후안 만'이라는 평범한 청년이다.

2004년, 후안 만은 실의에 빠져 시드니 거리를 방황하고 있었다. 그런데 아무런 인연도 관계도 없는 낯선 아주머니가 그에게 다가와 그를 따뜻하게 안아주었다. 또한 "힘내라, 괜찮아"라는 격려와 위로도 아끼지 않았다. 그 짧은 포옹과 말은 후안 만에게 살아갈 힘을 주었다.

'처음 만나는 사람과 아무런 조건 없이 껴안은 것이 이처럼 행복한 일이구나!'

이 깨달음을 얻은 그는 그것을 행동으로 옮기기로 마음을 먹었다. 그래서 시작한 것이 바로 조건 없이 따뜻하게 껴안아주는 프리허그 운동이다.

처음 그가 "공짜로 안아드립니다"라는 피켓을 들고 사람들 앞으로 나섰을 때 사람들은 모두 그를 외계인 보듯 했다. 그러나 시간이 지나면서 사람들의 행동에 변화가 찾아왔다. 하나 둘 그의 곁으로 왔고 그와 포옹을 나눴다.

그를 맨 처음 포옹한 사람은 할머니였다. 그 할머니는 1년 전 외동딸을 먼저 하늘나라에 보낸 슬픔을 안고 있었다. 할머니는 그의 품에서 나지막이 속삭였다.

"정말 따뜻하군요. 참 오랜만이야……."

슬픔과 실의에 빠진 사람들의 마음을 어루만져주는 것만큼 더 큰 사랑은 없다.

요즘 기업들도 앞 다퉈 '나눔경영', '봉사경영'을 내세우고 있다. 그건 단지 사회공헌 활동이 아니라 혁신의 일환으로 펼치는 것이다. 제품의 성능도 중요하지만 그 기업의 인지도나 사회공헌도에 따라 브랜드 가치가 높아지기 때문이다. 기업의 나눔경영이든 한 개인의 봉사 활동이든 간에 여전히 우리 주위에는 도움을 필요로 하는 이들이 많다.

두 눈을 크게 뜨고 그들을 늘 지켜봐주고 또한 행동으로 그 사람을 보듬어줘야 하는 게 사람의 도리이고 미덕이다.

"고목나무에 꽃피게 해주셔서 감사합니다."

영화 「라디오 스타」로 제27회 청룡영화상 남우주연상을 수상했을 때
안성기가 남긴 말.

## 영화배우 안성기

한국의 국민배우이자 한국영화의 대들보인 그는 아역배우 출신으로
「바람 불어 좋은날」「만다라」「실미도」 등 수많은 작품에 출연했으며,
대종상 남우주연상 후보 최다 노미네이트 기록을 갖고 있다. 모든 역
할을 훌륭히 소화하는 진정한 배우라는 평을 받고 있다.

# 태양을 집어삼킬 만한 열정을 꺼내라

## 지금 나는 몇 살인가?

어느 카드사 광고 중 잔잔한 감동을 준 광고가 있다. 화면에 여자 프로복서 이인영의 모습이 나온다. 이어서 "프로복서 데뷔 33세"라는 자막이 뜬다. 카피라이터 최윤희가 일하는 모습이 나오고 "카피라이터 신입사원 38세", 탤런트 이계인이 감격의 눈물을 흘리는 모습이 노출된 뒤 "첫 번째 팬 미팅 55세"라는 자막이 뜬다.

이 광고를 보면 누구나 느낄 수 있듯 나이는 숫자에 불과하고 중요한 건 나이는 열정으로 극복할 수 있다는 것이다. 열정만 있다면 나이가 다소 있더라도 마음속 거인의 힘을 여전히 끌어낼 수 있음을 보여준다.

'열정' 하면 코미디언 1세대라고 할 수 있는 송해, 남보원, 백남봉을 빼놓을 수가 없다. 고희를 넘고 팔순을 향해 달리고 있는 이들은 여전히 젊은 사람 못지 않게 연예계 활동을 활발히 하고 있다.

또한 그 열정의 연장선상으로 가수에 도전해 데뷔 음반도 냈다. 송해는 '나팔꽃 인생', 남보원은 '삐에로', 백남봉은 '청학동 훈장님'을 발표해 신인가수로도 바쁜 스케줄을 소화하고 있다. 누가 그들의 열정을 막을 수 있을까? 그들의 나이를 짐작이라도 할 수 있겠나?

열정은 세월을 멈추게 한다. 열정은 나이를 잊게 한다. 열정은 인생을 길고 의미 있게 만든다.

그렇다면 지금 여러분은 어떤가? 자신의 나이보다 훨씬 더 늙게 살고 있는지, 나이에 걸맞게 살고 있는지, 아니면 나이보다 훨씬 더 어리게 살고 있는지 생각해볼 일이다. 다시 말해 열정의 나이가 지금 몇 살인가?

혹시 어깨가 축 처진 상태로 하루를 시작해 그 상태 그대로 하루를 마감하고 있지나 않은지, 늘 지루하고 느슨한 일상의 반복 때문에 시간의 소중함도 잊고 변화의 파도에도 둔감한지, 도전의 바람도 없이 정처 없이 바다 한가운데를 표류하고 있지 않는지, 열정의 태양도 없이 그저 고인 웅덩이처럼 살고 있지 않는지, 자신을 되돌아보고 반성해야 한다.

물론 이렇게 말하는 사람도 있을 것이다. 지금 지친 삶을 산다는 건 그만큼 일상이 고단하고 상황이 좋지 않기 때문이라고. 하지만 그것은 변명이고 핑계거리에 지나지 않는다. 진정한 열정은 오히려 최악의 상황에서 더 큰 힘을 발휘한다.

맥아더 장군은 이렇게 말했다.

"청년이란 생의 어떤 기간이 아니라 마음의 상태에 의해 결정된다. 붉은 뺨이나 입술이 아니라 굳센 의지, 상상, 감정, 생명력에 달렸다. 청년은 용기로 비겁을 이기며 모험으로 앞일을 안다."

열정을 잃은 사람은 이미 죽은 자와 같고 또한 열정 없는 젊음은 죽음을 기다리는 시한부 인생과 다를 것이 없다.

열정만 가지고 있다면 누구다 다 새파랗게 젊다. 다시 말해서 누구에게나 열정은 존재한다. 다만 그것을 마음 밖으로 표출하느냐, 아니면 너무나 오래도록 담아두느냐의 차이다.

열정은 생명을 가진 모든 이들에게 다 필요한 감정이다. 열정은 현실에 안주하지 않고 늘 새로운 일을 추구하는 도전의 원천이며, 실패에 상처받지 않고 다시 일어나는 용기의 원천이고 고인 웅덩이에 매일매일 돌을 던져 스스로 몸을 뒤척여 물살을 만들고 변화를 기꺼이 받아들이려는 발전의 원천이다.


## 사시사철 변치 않는 열정을 가졌는가?

미국의 시인 롱펠로도 세월을 이길 순 없었다. 어느새 귀밑머리가 하얗게 세었다. 그러나 나이에 비해 그의 얼굴빛은 싱그럽고 젊게 보였다. 마치 아침 창가에 비추는 햇살 같았다.

어느 날, 나이에 비해 좀 늙어 보이는 친구 하나가 그에게 다가와 물었다.

"자네의 얼굴은 예나 지금이나 똑같은 것 같아. 세월이 자넬 비껴가는 것 같군. 난 매일 운동을 열심히 하는데 요 모양 요 꼴이야. 자네, 그렇게 젊어 보이는 비결이 뭔가?"

그러자 롱펠로는 시인답게 비유적으로 말했다.

"저기 있는 나무를 보게. 저 나무의 나이가 몇 살로 보이나?"

"그야 저 나무는 우리가 아주 어릴 때도 늘 저 자리에 있었으니 분명 우리들 나이보다는 훨씬 많겠지. 백 살은 족히 되지 않았겠나?"

"그래, 자네 말처럼 저 나무는 아주 늙었지. 그러나 저 늙은 나무도 매년 예쁜 꽃을 피우고 탐스러운 열매도 맺지. 그 같은 일이 어찌 가능하겠나? 저 나무가 매일 조금이라도 계속 성장하고 있기 때문이야. 단 한순간도 열정을 놓치지 않는다는 말이지. 나도 저 나무처럼 살고 있다네. 발전과 열정으로 말이야. 그러니 내 얼굴이 나이에 비해 젊게 보일 수밖에."

젊음을 유지하기 위해 다양한 운동법이 있고 좋은 약도 있겠지만 무슨 일이든 열정을 놓치지 않는 것, 그것만한 특효약은 없다.

당신이 성공을 꿈꾸고 갈망한다면 오래도록 한 가지 일에만 매달려 그 분야에 최고가 된 사람들을 주목해야 한다. 그들은 사시사철 변치 않는 열정으로 계속 그 길을 간다. 때론 지루하고 힘겹고 그 일을 놓고 싶을 때가 왜 없지 않겠는가. 그러나 뜨거운 태양을 삼켜 녹일 만한 열정으로 모든 난관을 극복했다.

안성기는 50년 동안 영화배우라는 직업을 계속 유지해왔다. 그에게 열정이 없었다면 지속할 수 없고 또한 자신의 직업에 대한 강한 믿음이 없었다면 불가능했을 것이다.

고목나무에 꽃피는 것은 참으로 어려운 일이다. 그러나 그 일이 가능한 이유는 무엇일까. 여전히 그의 혈관 속에 뜨거운 피가 흐르고 있기 때문이다.

"난 안티 없으면 끝난다고 생각해요. 안티 글과 좋은 글을 모두 폴더에 스크랩해두고 그 날 기분에 따라 꺼내보거든요."

『일간스포츠』 '취중토크' 인터뷰 중에서 박진영이 한 말.

## 가수·연예기획자 박진영

파격적인 의상과 노랫말 그리고 뛰어난 춤과 가창력으로 최고의 가수라는 찬사를 들었던 그는 가수에 머물지 않고 프로듀서와 작곡가로도 영역을 넓혀 세계 음반 시장에서도 인정받고 있다. 아시아 엔터테인먼트 비즈니스의 리더이기도 하다.

# 나를 반대하는 사람에게 고맙다고 말하라

## 반대자는 없다, 보완자만 있을 뿐이다

산악인 허영호가 에베레스트 산에 오르기 위해서는 수많은 골짜기를 지나야 했다. 콜럼버스가 새로운 대륙을 발견하기 위해서는 거센 파도를 견뎌내야 했다. 에디슨도 전구를 만들기 위해 수천 번의 실패한 실험을 경험해야 했다.

우리 인생도 마찬가지다. 최고의 나, 새로운 나, 발전된 나를 만나려면 골짜기와 파도와 실패의 경험 같은 부정적이고 반대되는 요소, 더러는 나의 뜻과 의지에 반기를 드는 반대 세력까지도 기꺼이 받아들여야 한다.

세상을 살다 보면 자신의 생각과 행동에 반기를 드는 이를 종종 만나게 된다. 사사건건 하나에서 열까지 트집을 잡고 못마땅하게 생각하고 격려와 칭찬 대신 야유와 비난을 일삼는 사람과 부딪히게 될 것이다.

그런 사람과 맞닥뜨릴 때 어떻게 행동해야 할까? 서로 할퀴며 반목할 것인가?

그래선 안된다. 그래봤자 힘만 빠지고 앞으로 나아가는 데 시간과 에너지만 낭비할 뿐이다. 그냥 그대로 받아들여라. 최고의 나, 새로운 나, 발전된 나로 탄생하기 위해선 어쩌면 나의 반대편에 서 있는 사람조차 품어야 한다는 걸 깨달아야 한다.

어쩌면 자기 주위에 찬성하는 세력만 있다면 그게 더 위험한 일일지도 모른다. 자신의 눈과 귀를 그들이 다 틀어막을 테니 말이다. 반대 세력의 비난과 비판을 마음속에 독으로 키우지 말고 슬기롭게 약으로 바꿀 줄 아는 지혜가 필요하다.

양지가 있으면 그늘이 있고 태양이 있으면 먹구름이 있듯 늘 찬성과 반대가 함께 따라다닌다. 찬성에 눈과 마음을 뺏겨 현실에 안주하고 새로움을 외면하기보다는 차라리 반대의 말에 귀를 기울여 삶의 자극제로 이용해야 할 것이다. 일찍이 소크라테스는 이렇게 말했다.

"사람에겐 친구와 적이 필요하다. 친구는 충고를,

적은 경고를 준다."

자신의 의견에 반대하는 사람이 있으면 누구나 언짢게 생각한다. 그러나 한번 더 생각해보면 참으로 고마운 일이다. 그 순간은 상처를 받겠지만 결국 나를 긴장하게 만들고 성장하게 만드는 요소가 된다.


## 독을 품고 살 것인가, 독을 약으로 이용할 것인가

리처드 칼슨은 자신의 책 《우리는 사소한 것에 목숨을 건다》에서 이렇게 말했다.

"찬사와 비난은 같다는 사실을 항상 염두에 두도록 하라. 이는 모든 사람을 기쁘게 할 수는 없다는, 진부하지만 부인할 수 없다는 진리를 상기시켜주는 방법이다."

어떤 후보가 선거에서 55퍼센트의 득표율을 얻어 압도적으로 승리했을지라도, 그는 다른 후보자에게 표를 준 나머지 45퍼센트의 선거권자들의 지지는 얻지 못한 것이다. 그렇다면 당선자는 이 사실 또한 겸손하게 받아들여야 하지 않을까?

사람들이 가족이나 친구, 함께 일하는 동료들로부터 동의를 얻어내는 비율도 그다지 높지 않을 것이다. 모든 사람이 인생을 평가하는 자신만의 가치기준을 갖고 있으며, 우리의 기준이 항상 다른 사람들과 일치

하지는 않는 것이 사실이기 때문이다.

하지만 어떤 이유에서든 대다수의 사람은 이 불쾌한 사실을 무시하려고 한다. 다른 사람들이 자신의 생각을 거부하고, "아니오"라고 말하거나 다른 식으로 자신의 의견을 반대할 때마다 화를 내고 상처받고 좌절한다.

만나는 모든 사람에게서 자신의 의견에 대한 동의를 얻어낼 수 없다는 불가피한 진리를 빨리 수용할수록 삶은 그만큼 더 여유로워진다. 이 사실을 받아들이고, 때에 따라서는 사람들의 반대를 인정할 수도 있다고 생각할 때라야 비로소 길지 않은 삶의 여정에 도움이 되는 비전을 지닐 수 있게 되는 것이다.

'독을 품고 살 것인가, 아니면 독을 약으로 바꿀 것인가'는 본인의 의지에 달렸다. 어떤 악플러가 박진영의 홈페이지에 이런 글을 남겼다.

"너의 음악은 표절이야. 빌보드에 한번 가봐. 거기에서는 널 알아주지 않을 거야!"

당사자가 아니더라도 이런 글을 읽게 된다면 몹시 화나고 괴로울 것이다. 그러나 박진영은 그 악플도 자신을 사랑하는 사람이 정성껏 다려준 보약 한첩으로 생각했다. 그 자극으로 마음속 오기를 깨워 그는 진짜로 미국행 비행기를 탔다. 결국 미국에서 가수로도 프로듀서로도 이름을 알리는 인물이 되었다.

반대 세력을 이기는 길은 결국 반대 세력도 반할 만한 최고의 자리에 서는 것이고 또한 자신의 삶에 충실하고 넓은 가슴으로 끌어안는 것이다.

　우리 몸의 혈액에는 백혈구가 있다. 백혈구는 우리 신체에 이상한 병균이 쳐들어오면 방패막이 역할을 한다. 그렇다고 무턱대고 밀어내지 않는다. 아무리 더럽고 쓸모없는 병균이라도 그는 모두 감싸안는다. 그 따뜻한 마음에 병균들은 녹아 사리지고 만다.

　백혈구 같은 마음으로 다 끌어안아라. 어차피 피할 수 없는 것이라면 기꺼이.

"팬들의 사랑이 있었기에 기부가 가능했습니다. 전 그저 기부를 할 수 있도록 도운 휴먼뱅킹일 뿐이죠."

9년 동안 30억을 기부한 사실이 알려진 김장훈이
한 언론과의 인터뷰에서 한 말.

## 가수 김장훈

TV에서보다는 라이브 무대에서 만날 수 있는 라이브 가수다. 공연을 위해 유학도 다녀올 정도로 공연에 살고 공연에 죽는다. 히트곡으로는 '세상이 그대를 속일지라도', '나와 같다면', '슬픈 선물' 등이 있으며 남 몰래 선행을 많이 하기로도 유명하다. 자신은 월세로 살면서 9년 동안 30억을 기부한 마음 따뜻한 사람이다. 기자들이 뽑은 2001년 최고의 선행 연예인이기도 하다.

# 돈을 사랑의 가치로 환전하는 마음부자가 되라

## 진정한 부는 소유가 아니라 베풂이다

한 은행이 고객을 상대로 '얼마의 돈을 보유하고 있어야 부자라고 생각하느냐' 는 설문조사를 한 적이 있다. 결과는 30억 원은 넘어야 부자라고 응답한 사람이 가장 많았다. 30억, 참으로 많은 액수다.

부자 반열에 오르기 위해 오늘도 많은 사람들은 땀을 흘리며 열심히 일하고 있다. 공부하는 이유, 성공하고픈 이유가 돈을 많이 벌기 위한 것이 아니라고 부인할 수도 없다. 어쩌면 우리는 알게 모르게 이미 돈의 노예가 되어 있는지도 모른다.

그러나 단지 돈이 많다고 해서 다 행복한 걸까? 물

론 돈이 많으면 생활이 편리할 수는 있다. 그렇다고 꼭 행복한 것만은 아니다. 행복은 누구에게나 똑같이 주어지고 또한 그것을 발견하는 사람의 몫이기 때문이다.

부자가 되기보다는 진정한 부자가 되어야 할 것이다. 그렇다면 진정한 부자는 어떤 사람인가? 진정한 부자란 얼마나 많은 돈을 가지고 있느냐가 아니라 얼마나 남을 위해 자신의 재산을 베풀 수 있느냐에 달려 있다.

나보다 힘들어하는 사람들을 보고 외면하지 않고 남에게 인정과 재물과 사랑을 베푸는 삶은 참으로 아름답다. 그 좋은 것, 상대에게 득이 되는 것을 주는 사람이 진정으로 행복한 사람이고 진정한 부자다.

반면 남의 것을 빼앗고 남에서 얻으려고만 하는 사람은 아무리 많은 재산을 가지고 있다고 해도 가난하다. 받으려고만 하는 거지근성이 아니라 남에게 아낌없이 베푸는 넉넉한 삶의 소유자가 되어야 한다.

당대 최고의 부자라 불린 두 사람이 있었다. 한 사람은 미국인인 하워드 휴즈이고 한 사람은 우리나라의 유일한 박사다. 그 둘은 많은 돈을 소유한 부자라는 공통점은 있지만 그 돈을 어떻게 가치 있게 사용했느냐에서는 판이하게 달랐다.

## 하워드 휴즈와 유일한의 말년은 너무도 달랐다

하워드 휴즈는 열아홉 살 때 갑작스레 세상을 떠난 아버지로부터 막대한 유산을 물려받았다. 평소에 영화에 관심이 많았던 그는 할리우드 영화제작자로 나섰다.

그는 전투기 87대를 동원해 찍은 영화 「지옥의 천사들」을 만들어 큰 성공을 거둔다. 또한 비행기에 관심이 많은 그는 구형 전투기를 사들여 사설 편대를 편성할 정도였고, 직접 스턴트 비행까지 시도하다가 추락 사고까지 겪는다.

하지만 비행사로서 그의 도전을 그 누구도 막지는 못했다. 1936년 LA에서 뉴욕까지 9시간 27분 만에 최단시간 대륙횡단 비행기록을 세우기도 했다. 그는 항공 산업에까지 영역을 넓혀 제2차 대전 중에는 군용 정찰기를 생산해서 많은 돈을 벌었다. 게다가 라스베이거스에 7개의 카지노를 소유하면서 당대 최고의 부자로 군림하게 되었다.

하지만 그는 사는 동안 자선사업이나 남에게 베푸는 삶을 살지 못했다. 말년에는 참으로 비참한 삶을 살았다. 그는 외부인을 전혀 만나지 않았다. '돈을 노리는 사람이 나를 해치지나 않을까' 하는 두려움에 모든 사람을 의심했다. 심지어 계열사 사장들도 만나지 않고 전화나 마이크로 의사소통을 했다.

그의 많은 재산이 그의 삶을 윤택하고 평화롭게 한 것이 아니라 오히려 그 자신을 불행하게 만든 것이다. 머리카락은 허리까지 내려왔고 손톱과 발톱도 여러 달 동안 깎지 않아 휘어질 정도였다. 결국 그는 돈을 모두 다 남기고 몸무게 42킬로그램으로 비참하게 삶을 마감했다.

이와는 반대로 유일한 박사의 말년은 그와 사뭇 달랐다. 그는 "미국의 문물을 배워 조국 동포를 구하라"는 아버지의 말을 듣고 어린 나이에 미국행 배에 올랐다. 그리고 힘든 생활로 하루하루를 연명하면서 대학을 졸업하게 되었다.

그 고생을 밑천으로 통조림 회사를 만들어 큰 성공을 거뒀다. 그후 고국으로 돌아와 1925년 유한양행을 설립했다. 병든 동포들을 구해야 한다며 의약품업을 했고, 벌어들인 돈은 교육과 공익사업에 투자했다.

그는 늘 이렇게 기도했다.

"삶에서 무엇이 더 중요한 것인지를 인식할 수 있고, 오늘날 저희들에게 주어진 좋은 것들을 충분히 즐기며, 명랑하고 참을성 있고, 친절하고 우애할 수 있는 능력을 허락해주옵소서."

그는 일생 동안 많은 돈을 벌었다. 그리고 그 돈을 쥐고 있지 않고 남을 위해 베풀었다. 죽기 전에 모든 재산을 사회에 기부한 것이다. 심지어 외아들에게까지도 '대학까지 보냈으니 스스로의 힘으로 살라' 며 한 푼도 주지 않았다.

유일한 박사야 말로 진정한 부자라 할 만하다. 요즘 천문학적인 돈을 기부한 빌 게이츠와 워렌 버핏도 진정한 부자라고 할 수 있겠다. 만약 그들이 자신의 주머니만 챙기고 남의 어려움을 외면했다면 그들은 돈 많은 부자일 뿐 존경까지 받는 진정한 부자는 될 수 없었을 것이다.

김장훈은 한 언론과의 인터뷰에서 이렇게 말했다.

"공연을 하다 눈물이 날 때가 있습니다. 코 묻은 돈, 아르바이트한 돈으로 표를 사서 콘서트에 오는 청소년들을 보면 기적이라는 생각이 듭니다. 공연에서 생기는 수익을 무조건 기부하기로 한 이유입니다. 벌어서 좋은 일에 쓸 수 있어 행복합니다. 내게 물질에 대한 소유욕이 있다면 나눠 쓰기 위함입니다."

거창한 것만 기부가 아니다. 내 주머니에 있는 동전 몇 개, 지갑에 있는 천 원짜리 몇 장이라도 어려운 사람들을 위해 내줄 수 있는 포근하고 넓은 마음이 바로 기부의 시작이고 기부의 참뜻이다.

넘쳐나기 때문에 주는 것이 아니라 내 것이 모자라도 남을 위해 기꺼이 쪼개어 내줄 수 있는 것, 그게 진정한 부자의 마음이고 행복한 사람의 자세이다. 우리 모두 행복한 부자가 될 수 있다.

**Think Tank**

많이 가진 사람이 모두 부자는 아니다. 나눠줄 수 있는 사람이 진정한 부자다. 자기 것을 잃을까 안달하는 사람은 가진 것이 얼마든 부자가 아니다.

　-에리히 프롬 《사랑의 기술》 중에서

"진정으로 힘이 센 사람은 어떠한 사람이라고 봅니까?"

"자신의 욕망을 다스릴 수 있는 사람입니다."

"진정한 부자는 누구입니까?"

"스스로 만족하는 사람!"

　-정채봉 《날고 있는 새는 걱정할 틈이 없다》 중에서

# 2

## 스포츠계

"지난 10년 동안 해온 씨름에서 은퇴하고 K-1 링에 서게 되었습니다. K-1에 적응 못 하고 돌아오더라도 모래판에 서지 않겠습니다."

씨름 은퇴 및 K-1 진출을 밝히는 기자회견장에서 최홍만이 한 말.

### 이종격투기선수 최홍만
218센티미터 158킬로그램의 거구에도 불구하고 유연성마저 뛰어나 들배지기와 잡치기 등 다양한 기술을 구사한 씨름선수였다. 그러나 2004년 이종격투기 선수로 전향해 2005년 K-1 월드그랑프리 서울대회에서 우승, 2006년 K-1 월드그랑프리 서울 슈퍼파이트에서 우승한 이종격투기의 떠오르는 스타다.

# 새롭고 낯선 바다에 과감히 다이빙하라

## 변화는 자연스러운 것이다

누구나 변화를 원하지 않는다. 변화는 앞날에 대해 불안감을 증폭시키고 또한 지금보다 더 많은 노력을 기울여야 하는 수고를 요구한다. 당연히 변화를 싫어한다.

그렇다고 해서 변화할 시점이 코앞에 왔는데도 머뭇거리거나 망설일 일만은 아니다. 새로운 변화를 받아들이고 새로운 무언가를 위해 열정을 쏟아야 한다. 그래야 발전된 나를 만날 수 있는 것이다.

인생은 어차피 변화의 연속이다. 우리 스스로 그걸 느끼고 있지 못할 뿐이다. 보라, 어제의 아침과 오늘의 아침이 같은가? 분명 다르다. 공기의 기운이 다르고 태양의 열기가 다르다 새의 울음소리가 다르고 사람들의 움직임도 다르다.

이미 세상은 변화 속에서 살고 있다. 그렇기 때문에 변화를 두려워해서는 안된다. 변화는 자연스러운 일이고 또한 우리도 하루하루 조금씩 변화해야 하는 것이다.

오히라 미츠요는 《그러니까 당신도 살아》에서 이렇게 말했다.

"인생이란 하루하루가 훈련이다. 우리 자신을 훈련하는 터전이다. 실패도 할 수 있는 훈련장이다. 살아있음이 흥겨운 훈련장이다. 지금 이 행복을 기뻐하지 않고 언제 어디서 행복해지랴. 이 기쁨을 발판 삼아 온 힘으로 나아가자. 나의 미래는 지금 이 순간 이 곳에 있다. 지금 여기서 노력하지 않고, 언제 어디서 노력하랴."

이처럼 변화와 훈련 속에서 인생은 더 깊어지고 삶은 값어치가 높아지는 것이다.


### 과거를 버려야 미래가 온다

새롭다는 건 낯선 것이기에 사람들은 일단 거부한다. 옛것에 집착하는 경향이 있다. 그러나 옛것에 미련을 버리지 못한다면 새로운 것을 받아들일 공간이 그만큼 부족하게 된다. 새로움이 움트게 하려면 가장 먼저 과거를 버려야 한다.

과거와 미래에 대처하는 방법이 있다.

첫째는 과거의 좋지 않는 기억은 최대한 빨리, 그리고 많이 잊어버리는 것이다. 좋지 않는 기억은 앞으로 나아가려는 여러분의 발목을 잡는다.

둘째는 과거의 좋았던 일은 잊지 말고 자꾸자꾸 꺼내보라는 것이다. 칭찬받았던 일, 작은 성공을 이뤘던 일을 자꾸 생각하다 보면 자신감과 용기를 충전할 수 있는다.

셋째는 미래에 대한 행복한 기대로 살아야 한다.

미래는 예측할 수 없는 것으로 가득하다. 불안감, 두려움도 있고 또한 희망과 행복도 있다. 어떤 것을 받아들여야 할지는 각자의 몫이다.

새로운 일을 시작하면 역경이 따르게 마련이다. 그러나 그 역경은 더 나은 삶을 얻기 위한 일종의 과정일 뿐이다. 미국 부통령을 지낸 험프리는 인생의 말년을 암과의 투병으로 보냈다. 힘겨운 하루하루를 보내면서도 그는 좌절하지 않았다. 오히려 더 많은 웃음과 농담으로 주위를 밝게 했다. 그는 한 잡지에 다음과 같은 글을 남겼다.

"사람들의 가장 큰 약점은 쉽게 포기한다는 것이

다. 역경은 새로운 출발을 위한 자극일 뿐이다. 역경은 '약간 시간이 걸려야 해결되는 문제'일 뿐이다."

현실에 안주하고 않고 새로움에 과감히 몸을 던진 한 기업인이 있다. 그는 이렇게 말했다.

"매일 새로운 기회를 맞이한다는 것은 너무나 즐거운 일입니다."

그가 바로 토종 브랜드 '피죤'이라는 섬유유연제로 P&G, 유니레버, LG화학, 애경 등 다국적 대기업과의 경쟁에서 지금도 당당히 1위를 고수하고 있는 이윤재 회장이다.

섬유유연제를 개발할 당시는 양잿물로 빨래하는 집이 대부분이었고, 그나마 형편이 나은 집은 빨래비누를 사용하던 때였다. 그래서 섬유유연제는 주부들에게 참으로 생소한 제품임과 동시에 주부들의 빨래 습관을 바꾼 일종의 '빨래혁명'이었다.

그는 공업용 계면활성제를 생산하는 회사에서 다니면서 다소 안정적인 생활을 영위했다. 그러나 그 생활에 머물지 않았다. 새로운 사업에 도전하고 새로운 인생을 열망했다. 그의 도전에 주위 사람들은 다들 만류했다. 먹고살기도 어려운데, 세탁기를 가진 사람도 부자 외엔 없는데, 굳이 그런 제품을 왜 만드느냐는 것이었다.

그러나 그는 미래를 내다보았다. 언젠가는 섬유유

연제가 가정의 필수품이 될 날이 올 거라는 변화를 감지했고 그 예측은 적중했다. 그가 연구 개발한 제품은 그때부터 지금까지 여전히 주부들의 사랑을 받고 있는 파워 브랜드다.

변화를 꿈꿔라. 매일 가는 길로 가지 말로 낯선 길을 가라. 두려워말고 꿈과 희망이 넘실대는 바다로 가 다이빙하라. 늘 입던 옷과 늘 같은 헤어스타일만 고집하지 마라. 작은 변화부터 시작하라. 어제의 나와는 작별을 고하고 오늘의 새로운 나를 맞이하라. 그 변화가 분명 내 삶을 180도 바꿀 것이다.

"앞으로 16강 진출 가능성을 매일 1퍼센트씩 높여나갈 것이다. 6월 초 우리 팀의 모든 힘이 폭발하게 될 것이다."

2002년 4월 9일, 기자회견장에서 히딩크가 한 말.

**축구감독 히딩크**

네덜란드 프로축구팀 아인트호벤의 감독으로 있으면서 3연속 국내리그 우승과 정규리그, FA컵, 유럽챔피언스리그 우승으로 주목받기 시작해 2002년 한·일 월드컵의 한국 국가대표팀 감독을 맡아 아시아 최초 4강 신화를 이뤘다.

# 준비된 사람부터 기회라는 선물을 가져간다

## 개미로 살 것인가, 베짱이로 살 것인가

하는 일마다 실패한다면 그 실패의 원인이 도대체 뭔지 곰곰이 생각해본 적이 있는가. 물론 주변 환경이나 운이 제대로 따라주지 않아서도 그랬겠고 아니면 본인 노력이 좀 부족한 탓도 있을 것이다. 그러나 대부분 실패의 원인은 그 일을 시작하기에 앞서 충분히, 철저히 준비하지 않았기 때문이다.

마음과 의욕이 앞선 나머지 제대로 준비하지 않은 채 무턱대고 어떤 일에 뛰어든다면 결과는 보나마나 뻔하다. 준비된 자만이 크고 작은 변수에도 신속하고 슬기롭게 대처해 일을 성공적으로 끝낼 수 있다.

어릴 때 읽었던 '개미와 베짱이'의 이야기를 다시 한번 떠올려보자. 여름 내내 개미는 부지런히 일을 해서 식량을 모아두었다. 그러나 베짱이는 어떤가? 아무런 준비도 없이 하루하루 시간만 보냈다. 겨울이 찾아왔을 때, 개미는 행복하고 따뜻한 겨울을 맞이했지만 베짱이는 그렇지 못했다. 준비되지 않은 겨울은 춥고 길기만 했다.

뭐든지 일을 하기 전에 철저한 준비가 필요하다. 따라서 너무나 서두를 필요는 없다. 성급한 전진보다는 차분한 준비가 성공을 부르는 것이다.

영국의 유명한 정치가 벤저민 디즈레일리는 이렇게 말했다.

"사람이 인생에서 성공하는 비결은, 기회가 다가올 때 그것을 받아들일 준비가 되어 있는가 그렇지 않은가에 달려 있다."

항상 준비된 자에게 행운이 오고 기회가 오게 마련이다. 로또복권도 사지 않은 채 "로또복권 1등에 당첨되게 해주세요"라고 백날 하늘에 대고 기도해봤자 소용없다. 최소한 로또복권을 사놓고 그 행운을 바라야 하는 것이다.

알렉스 로비라는 자기 책 《준비된 행운》에서 이렇게 말했다.

"우연만을 믿는 사람은 준비를 하는 사람을 비웃는

다. 준비를 하는 사람은 우연 따위에는 신경을 쓰지 않는다. 행운이 찾아오지 않는 데에는 그럴 만한 이유가 있다. 행운을 움켜쥐려면 미리 준비를 해야 한다. 행운을 맞이할 준비는 자기 자신밖에 할 수 없다. 그리고 그 준비는 누구나 당장 시작할 수 있다."

## 100퍼센트를 넘어 200퍼센트를 준비하자

피아니스트이자 예술의 전당 사장인 김용배는 어떤 일을 진행할 때 100퍼센트의 준비를 넘어 200퍼센트를 준비한다. 그 이유는 그가 한 신문사의 칼럼에 실은 일화를 통해 알 수 있다.

심사교수 중 가장 나이가 많은 주임교수가 갑자기 피아노 옆으로 다가오더니 직접 악보를 넘겨주겠다는게 아닌가? 피아노계의 거장인 은사가 곁에 앉아 손수 악보를 넘겨주신다니 황송하기도 하고 부담감 때문에 당황스럽기도 했지만, 어쨌든 연주는 시작되었다.
한참 곡이 진행되고 있는데 지금까지 정확히 악보를 넘겨주던 그 노교수가 갑자기 악보를 넘겨야 되는 부분이 가까워 오는데도 도무지 움직일 기미를 보이지 않는 것이었다. 결국 내가 악보를 넘기기 위해 손을 건반에서 떼어야 했고 연주는 중단될 수밖에 없었다. 바로 그때 그 노교수는 내 등을 가볍게 두드리면서 이렇게 말했다.

"연주 도중에는 온갖 상황이 발생할 수 있다네. 피아니스트는 그런 상황에 대비해 넘기기 직전의 한두 줄, 그 다음 장의 한두 줄은 꼭 외우고 있어야 돌발 상황에 처하더라도 당황하지 않고 자연스럽게 연주할 수 있는 것이야. 100퍼센트 준비는 항상 부족하다는 것을 명심하도록!"

아직도 나는 어떤 일에 대비해서 100퍼센트 충분히 준비를 했는데도 불구하고 그 일이 뜻대로 진행되지 않을 때, 그것을 불운의 탓으로 돌리려는 경향이 있다. 그럴 때마다 그 노교수의 말씀을 생각하며 '200퍼센트 준비했었더라면 상황은 훨씬 좋아졌을 텐데'라고 후회하면서 스스로를 추스르곤 한다.

LIG손해보험의 구자준 부회장은 자신의 경영철학을 말하면서 '준비'를 강조했다.

"마라톤과 보험업은 유사점이 많다. 보험은 하루아침에 이뤄지지 않는다. 100미터가 아닌 마라톤 승부다. 철저히 준비하지 않으면 필패다."

그는 고객을 만나기에 앞서 스스로 준비가 되었는

지를 스스로 묻고는 한다. 그게 바로 성공의 비결인 것이다.

간혹 준비하는 과정을 시간낭비라고 생각하는 사람도 있다. 그러나 그건 성공과는 동떨어진 생각일 뿐이다. 나무꾼이 잠시 일을 멈추고 무딘 도끼날을 가는 것이 어찌 시간낭비라 할 수 있겠는가. 무딘 도끼날로 일하는 것보다 날이 바짝 선 도끼로 일을 하는 게 오히려 시간과 노동력을 단축하고 더 많은 양의 나무를 할 수 있는 방법이다.

이유 없는 행운은 없다. 준비된 자에게만 기적 같은 행운이 온다. 지금부터 차근차근 준비하자. 그 다음은 간단하다. 기회가 오면 덥석 잡아 호주머니에 넣으면 되는 것이다.

"1996년 백인천 감독님이 저에게 타격을 가르쳐주셨습니다. 당시 '넌 일본 가서도 통한다'고 하셨어요. 그땐 무슨 소린가 했는데 이제야 그 말씀이 무엇인지 터득하게 되었습니다."

도쿄돔호텔 내 식당에서 이뤄진 한 언론과의 인터뷰 중 이승엽이 한 말.

**야구선수 이승엽**
대한민국을 대표하는 천재타자로 세계 최연소 300호 홈런 달성, 한 시즌 최다 홈런 아시아 신기록(56호) 등을 보유하고 있다. 삼성 라이온즈를 거쳐 지금은 일본 요미우리 자이언츠에서 활동하고 있다.

# 내 삶을 비춰줄 등대 같은 스승을 찾아라

## 혼자서 성공할 수 없다, 멘토를 구하라

아무리 뛰어나거나 잘난 사람이라도 혼자서 성공의 문을 열 순 없다. 자신을 성공의 문으로 이끌 인생의 조언자나 멘토가 필요하다.

독불장군처럼 혼자서 달려갈 수도 있다. 그러나 그만큼 시행착오를 많이 겪게 될 것이다. 먼저 경험을 겪은 사람이나 지식과 지혜가 많은 사람이 안내를 한다면 길을 헤매지 않아도 되고 시간도 절약해 빨리 목적지에 도착할 수 있다.

인생의 좋은 멘토을 만난다는 건 행운이다. 물론 그런 행운이 뜻하지 않게 찾아오는 경우도 있겠지만, 설령 그런 행운이 오지 않는다 하더라도 스스로 찾아 나서야 한다.

멘토를 만나는 것은 자신의 삶을 풍요롭게 하고 성공으로 가는 지름길을 발견한 것과 같다. 자신의 가치관과 목표가 확고히 정해지기 전에는 어떤 스승이나 코치를 만나느냐에 따라 그 사람의 역량이 달라진다.

대부분의 사람들은 미켈란젤로의 이름은 기억하고 있지만, 보톨도 지오바니라는 이름을 기억하는 사람은 그리 많지 않다. 보톨도 지오바니는 미켈란젤로의 스승이다. 미켈란젤로가 14살이 되었을 때 그는 보톨도의 문하생이 되기 위해서 찾아갔다. 그의 놀라운 재능을 본 보톨도는 그에게 이렇게 물었다.

"너는 위대한 조각가가 되기 위해서 무엇이 필요하다고 생각하느냐?"

"제가 가지고 있는 재능과 기술을 더 닦아야 한다고 생각합니다."

"네 기술만으로는 안된다. 먼저 네 기술로써 무엇을 위해 쓸 것인가 결정을 해야 된다."

스승은 미켈란젤로를 데리고 술집에 갔다.

"스승님, 술집 입구에 아름다운 조각이 있습니다."

"이 조각은 아름답지만 조각가는 술집을 위해서 이 조각을 사용했다."

이 스승은 다시 어린 미켈란젤로의 손을 잡고서 아

주 거대한 성당으로 가서 아름다운 조각상을 보여주었다.

"너는 이 아름다운 천사의 조각상이 마음에 드느냐, 아니면 저 술집 입구에 있는 조각상이 마음에 드느냐? 똑같은 조각이지만 하나는 하느님의 영광을 위해서, 다른 하나는 술 마시는 쾌락을 위해서 세워졌다. 너는 네 기술과 재능을 무엇을 위해 쓰기를 원하느냐?"

스승의 물음에 어린 미켈란젤로는 큰 깨달음을 얻었다. 그후 그는 인생의 목적이 생겼다. 스승의 가르침이 없었다면 그는 '모세상', '다윗상' 같은 위대한 조각 작품을 만들 수 없었을 것이다.

## 가장 가까운 곳에 등대가 있다

멘토를 찾기 위해 멀리 떠날 필요는 없다. 알고 보면 좋은 멘토는 늘 우리 가까이에 있다. 선생님일 수도 있고 친구 중에 한 명일 수도 있고 가족 중의 한 명일 수도 있다.

골프 천재 타이거 우즈의 멘토는 바로 아버지였다. 그는 자신의 홈페이지에 아버지에 관해 다음과 같은 글을 남겼다.

"아버지는 나의 가장 친한 친구이자 가장 훌륭한 역할모델이었다. 아버지가 많이 그리울 것이다. 아버지가 자신의 삶에서 이룩한 위대한 일들을 생각하면 깊은 감명을 받는다. 당신은 훌륭한 아버지이자 코치였고, 멘토이자 친구였다. 당신께서 계시지 않았다면 오늘의 나는 없었을 것이다."

또한 미국 3대 케이블 방송 컴캐스트의 CEO 브라이언 로버츠도 인생 최고의 멘토로 아버지를 꼽았다. 그에게 인생 최고의 친구이자 지도자는 아버지다.

아버지는 그에게 어릴 때부터 케이블 전신주를 기어오르게 했다. 밑바닥부터 시작하라는 것이었다. 그래서 그는 현장에서 일하는 노동자들의 노고를 이해하게 되었다. 또한 아버지는 그에게 늘 자신에게는 냉정하고 남에게는 격려와 칭찬을 아끼지 말라고 했다. 그런 아버지의 가르침이 그에겐 큰 힘이 되었다.

전 GE CEO인 잭 웰치도 자신의 멘토로 어머니를 들었다. 그는 어릴 때 말을 더듬었는데 어머니는 그에게 이렇게 말했다.

"네가 말을 더듬는 것은 똑똑하기 때문이야. 누구의 혀도 너의 똑똑한 머리를 따라갈 수 없어."

또한 그는 이렇게 회상했다.

"어머니께서는 늘 내가 무엇이든 다 할 수 있다고 믿었어요. 자신을 훈련시키고 살아가는 법을 가르쳐 준 분이 바로 어머니예요. 어머니는 현실을 바로 보는 눈을 가졌으며, 결코 자만하지 않으셨죠. 내가 샛길로 빠지려고 하면 옳은 길로 인도해주셨고, 자신의 운명은 스스로 결정해야 한다고 가르쳐주셨습니다."

좋은 멘토는 지식의 전달자가 아니다. 자신에게 먹이를 던져주는 사람이 아니다. 지혜의 길과 깨달음의 가르침을 주는 정신적인 지주다.

인생 전반에 걸쳐 큰 깨달음을 배우기 때문에 그 관계에 충실해야 한다. 그 관계를 발견하고 지속적으로 유지한다면 분명 누구나 다 자신의 멘토 못지않게 인생 최고의 자리에 오를 것이다.

"아무리 우승을 많이 해도 나는 또 하고 싶습니다."

유럽축구연맹(UEFA) 챔피언스리그에서 우승한 뒤 박지성이 한 말.

## 축구선수 박지성

평발에다 작은 키라는 신체적인 단점을 지독한 승부근성으로 극복한 그는 2002년 한·일 월드컵과 2006년 독일 월드컵에 국가대표로 출전했다. 현재 잉글랜드 프리미어리그의 맨체스터 유나이티드에서 활약하면서 세계적인 축구선수들과 어깨를 나란히 하고 있다.

# 네 심장 위에
# 집념이라는 명찰을 달아라

## 위험 없는 삶은 너무나 심심하다

때로는 욕심과 집착이 필요하다. 그것을 잘만 이용하면 성취욕을 높일 수 있고 인생을 활기차게 살 수도 있다.

긍정적인 욕심과 집착을 한마디로 말하면 그건 '집념'이다. 이루고자 하는 목표를 달성하기 위해서는 무엇보다도 강한 집념이 필요하다. 남들이 하는 만큼, 그저 심심풀이나 관심 정도로는 도저히 목표를 이룰 수 없다. 그 어떤 어려움 앞에서도 시들지 않는 강한 집념만이 성공과 가까워지는 길이다. 목표를 이뤄내는 원동력이다.

에디슨은 전구 발명에 대한 집념이 놀라울 만큼 강했다. 무려 2,000번이 넘는 실패를 경험하면서도 그는 끝까지 실험을 포기하지 않았다. 실험을 포기할 때마다 그는 성공했을 때 느낄 환희에 찬 자신의 모습과 성공으로 인해 얻을 수 있는 대가와 많은 사람들로부터 받을 찬사를 상상하며 실패의 좌절을 견디며 실험에 임했다.

그런 강한 집념이 결국 전구 발명이라는 큰 업적을 남길 수 있게 했다. 자신을 발명왕으로 등극시킬 수 있게 했다. 에디슨은 그의 말년에 이렇게 말했다.

"성공을 위해 가장 필수적인 세 가지는 상식, 많은 노력, 끈질긴 집념이다. 사람들은 포기할 당시에 얼마나 성공에 가까이 있는지를 깨닫지 못해 포기한다. 나는 수천 가지 생각이 있으면서도 아무것도 이뤄내지 못하는 사람보다, 생각은 하나지만 그 하나를 이뤄내는 사람을 더 높이 평가한다."

집념은 오히려 극한 상황에서 빛을 발한다. 더 이상 물러설 곳에 없고 오직 전진만이 살길이라면 놀라운 투기로 덤비게 된다. 그래서 위기가 곧 기회라는 말도 탄생한 것이 아닌가. 주위 환경이나 가정이 어려울 때일수록 더더욱 단합이 잘되고 또한 자신의 역량을 몇 배도 발휘하게 된다. 이처럼 인간의 마음속에는 이미 위기 상황을 극복하려는 의지와 새로운 것에 도전하고 차지하려는 집념을 가지고 있다.

유나이티드제약의 강덕영 사장은 한 언론에 기고한 글과 인터뷰를 통해 자신의 경영철학을 내비친 적이 있다.

"어려움 없는 평탄한 삶, 경쟁 없는 비즈니스, 위험 없는 투자, 나는 이런 삶을 살고 싶지 않다. 사업뿐 아니라 인생 자체가 바로 도전이다. 어려움이 없고 경쟁이 없고, 위험이 없다면 삶이 너무 심심하지 않은가."

일부러 어려운 상황을 만들진 않겠지만 오히려 불리한 상황이 집념을 자극해서 발전이 계기가 된다고 굳게 믿고 있다. 그는 또 이렇게 말했다.

"저는 실패한 직원을 절대 야단치지 않습니다. 그에게 실패한 책임을 묻지도 않죠. 그러나 실패가 두려워 도전해보지도 않고 쉽게 포기해버리는 직원은 고의적으로 회사에 손해를 끼치는 것과 다를 것이 없다고 생각합니다. 도전했다가 실패해도 절반은 성공한 것 아닙니까?"


## 성공이라는 골문에 멋진 슛을 날려라

아무리 재능과 능력이 뛰어난 사람이라도 집념이 강한 사람을 따라잡을 수 없다. NASA 연구진은 아마추어 비행접시 연구가 알피 캐링턴을 정식으로 초빙

해 그의 조언을 들은 적이 있다.

그는 건설 노동자로 간신히 생계를 유지하면서 30년이 넘은 오랜 시간 동안 원반형 비행접시 제작을 연구했다.

물론 그 비용은 본인이 직접 부담했다. 적어도 5,000만 원 이상 들었다고 한다. 젊은 시절, 유난히 공상과학 소설 및 우주과학에 관심이 많아 비행접시 제작을 시도하기로 마음을 먹었다. 물론 수많은 실패와 시행착오가 그의 삶을 짓눌렀지만 그는 거기에 굴복하지 않았다.

마침내 그는 실제 사이즈의 원반형 비행접시 설계 및 모델 제작에 성공했다. 개발 초기에 친구들과 이웃들은 그를 미쳤다고 손가락질도 했지만 지금은 그의 오랜 집념과 노력을 높이 사 그의 지지자가 되었다.

한 사람의 집념은 감동을 준다. 그 성과를 이루기 위해 참고 견디었던 그 지난 세월에 경의를 표하고 그 인생에 찬사를 보낸다. 또한 한 사람의 집념은 단지 자신의 발전에만 국한되는 게 아니다. 그 집념의 결실은 곧 인류의 발전이며 인류의 행복까지도 가져다주니 참으로 고마운 일이다.

지금 네 안에 무엇이 있는지 점검해야 한다. 네 안의 장점을 발견한 이도 있을 것이고 또 어떤 이는 단점만 보여 한숨을 내쉬고 있을지 모른다. 설령 단점만 가득하다고 해서 낙담하거나 좌절할 필요는 없다. 근성과 열정만 있다면 단점은 곧 장점으로 바뀐다. 자신의 단점을 숨기지 말고 과감하게 뛰어넘어라. 그럼 단점은 너의 가장 강력한 무기가 된다.

인생과의 승부는 이제부터 시작이다. 절대로 물러서지 말고 근성과 열정으로 과감하게 덤벼라. 그리고 성공이라는 골문에 멋진 슛을 날려라. 그게 진짜 나의 미래다. 나의 모습이다.

"하늘이 주는 시련에는 반드시 행운이라는 것도 같이 줍니다. 시련에 오래도록 아파한 다면 함께 얻은 행운의 포장을 아직 뜯지 못 했을 뿐이죠."

갑작스런 장출혈로 마운드에 서지 못하고
병원으로 갈 수밖에 없던 상황에서 박찬호가 한 말.

**야구선수 박찬호**
한국인으로서는 메이저리그에 처음 진출한 야구선수. 1994년 1월 14
일, 120만 달러 계약금으로 LA 다저스에 입단 후 맹활약을 함으로써
한국을 빛낸 스포츠 스타다. 현재 LA 다저스에서 활동하고 있다.

# 내일을 믿는다면
## 희망에 미쳐라

### 시련이 닥쳐도 희망의 편에 서라

겨울이 길고 깊어질수록 봄이 가까이 온 것이다. 겨울이 계속되는 법은 없다. 겨울이 지나면 봄이 오게 마련이다. 시련은 우리를 강하고 새롭게 만드는 축복이지 절대로 우리의 미래를 짓밟으려는 악마의 발이 아니다.

이름 앞에 '위대한' 이라는 수식어가 붙는 사람들을 보면 하나같이 시련을 극복한 사람들이다. 처음부터 위대하게 태어난 사람은 없다. 시련이라는 칼날로 조각되면서 위대한 사람이라는 불후의 명작을 탄생시킨 것이다.

상대성이론을 정립한 아인슈타인은 취리히공과대학에 낙방했다. 그리고 진화론을 정립한 다윈 역시, 에딘버러대학의 의학부에 낙방한 적이 있다. 배우 채플린, 소설가 디킨스, 소설가 마크 트웨인는 초등학교도 나오지 못했다. 그리고 영국의 스티븐 호킹 박사는 1962년 루게릭병에 걸려 전신마비가 되었지만 자신의 처지를 한탄하지 않았다.

그들은 절대 시련이라는 늪에서도 유유히 걸어 나왔다. 오히려 시련을 통해 더 많은 학구열과 열정을 발휘해 남보다 몇 배의 노력으로 결국 최고의 자리에 올랐다.

시련이 영원할 거라고 생각하면 안된다. 이 세상에 영원한 건 오직 희망뿐이다. 긍정적인 생각을 가진 사람은 그 어떤 시련 앞에서도 태연하며 그 시련을 일시적인 현상으로 본다. 또한 시련을 희망의 편에 서서 해석하고 삶의 일부로 생각한다.

미국 야구 역사상 가장 유명한 선수로 손꼽히는 베이브 루스도 긍정적인 생각으로 시련을 가볍게 극복한 인물이다.

그는 자그마치 1,330번이나 스트라이크 아웃을 당하는 수모를 겪었다. 야구인생에서 그 같은 기록은 오명이며 수치스러운 일이 아닐 수 없다. 그러나 그는 그걸 오히려 자랑스럽게 말했다. 어차피 시련과 성공은 같은 말이다. 시련이 많으면 많을수록 그만큼 성공을 향한 도전과 집념이 강했다는 것이기 때문이다.

시련 없는 성공이 어디 있는가. 시련을 두려워하는 이가 어찌 성공의 열매를 맺을 수 있겠는가. 그는 1,330번의 스트라이크 아웃이라는 시련과 동시에 714개의 홈런을 날린 최고의 홈런왕으로도 기억된다. 시련을 통해 얻은 값진 성공이었기에 그가 더더욱 빛나는 것이다.


## 시련은 위대한 나를 발견하게 만든다

성공이란 어쩌면 아픔과 슬픔, 그리고 절망 앞에서 한번 더 참고 견디며 새로운 희망을 향해 나아가는 한 걸음 정도의 움직임인지도 모르겠다.

파울로 코엘료는 그의 책 《연금술사》에서 이렇게 말했다.

"아무리 먼 길을 걸어왔다 해도, 절대로 쉬어서는 안되네. 사막을 사랑해야 하지만, 사막을 완전히 믿어서는 안돼. 사막은 모든 인간을 시험하기 때문이야. 내딛는 걸음마다 시험에 빠뜨리고, 방심하는 자에게는 죽음을 안겨주지."

그렇다. 한번 무릎 꿇는 자는 그보다 더 작은 시련이 찾아와도 또 무릎 꿇고 만다. 그러나 큰 시련을 극복한 사람은 잦은 시련이 찾아와도 거뜬히 이겨내 오아시스를 발견할 수 있는 것이다.

시련은 위대한 나를 발견하게 만든다. 시련은 잠자고 있는 삶의 의욕을 자극한다. 시련은 지금과는 다른 세상을 만나게 해준다.

프리다 칼로는 열여덟 살 때 뜻하지 않는 교통사고를 당하고 만다. 그 사고는 참으로 끔찍했다. 뜻하지 않은 교통사고로 척추가 부러지고 골반이 으스러지는 참화를 경험했다. 서른다섯 번의 수술을 받았고 수시로 입원했다.

그녀에게 삶은 지옥과도 같았다. 그러나 그녀는 그 시련을 기꺼이 받아들였다. 물론 그 시련을 받아들이기 위해서 말 못할 고통과 고독의 시간을 보냈다.

여하튼 그녀는 시련을 자신 안의 숨었던 재능을 발견하는 기회로 삼았다. 몸이 자유롭지 않게 되자, 그의 영혼은 그만큼 더 자유로워졌다. 그래서 그림에 손을 댔고 진짜 그녀의 삶이 시작된 것이다. 그후 그녀는 초현실주의 화가로 널리 이름을 날렸다. 그녀에게 시련은 창작열을 불사르고 새로운 삶을 살게 했다.

지금 시련을 겪고 있다면, 크고 작은 시련이 반복해서 일어난다면 성공이라는 행운이 머지않았다고 생각하라. 큰일을 할 사람들은 언제나 평범한 사람들보다 더 많은 시련과 역경을 안고 살아가게 마련이다. 평범한 삶을 원치 않는다면, 성공한 삶을 갈망한다면 기꺼이 지금의 이 순간을 참고 견뎌라.

무지개를 보기 위해선 폭풍우를 먼저 만나야 하는 법이다. 시련은 늘 우리들이 감당할 수 있는 만큼의 양이 주어진다고 하지 않았는가. 자신이 스스로 한계라고 생각하는 순간, 그건 시련이 되겠지만 자신이 스스로 믿음이라 생각하면 그건 시련이 아니라 기회이자 준비의 과정일 뿐이다.

지금 당신은 사막을 한참 동안 걸어왔다. 저 멀리 사막의 끝이 보이고 또한 예쁜 포장지에 쌓인 선물도 보인다. 사막을 벗어나고 싶지 않은가? 그 선물에 쌓인 포장지를 풀어보고 싶지 않은가?

방법은 아주 간단하다. 희망에 미치면 된다. 발바닥이 부르트더라도, 목이 타 들어가더라도, 입술이 갈라지더라도 한걸음 더 나아가면 된다.

"저는 박지성의 그늘도 사랑합니다. 서늘하고 낮잠을 잘 수도 있죠. 누가 내게 그늘을 주면 오히려 감사한 일이 아닌가요?"

'언론에서 늘 박지성 선수를 먼저 다뤄 서운하지 않느냐'는
질문에 이영표가 한 말.

**축구선수 이영표**
2002 한·일 월드컵, 2006 독일 월드컵에서 맹활약을 펼쳤다. 특히, 그는 '헛다리짚기'라는 발재간으로 유명하다. PSV 아인트호벤(네덜란드)을 거쳐 현재는 토튼햄 홋스퍼 FC(잉글랜드)에서 활약하고 있다.

# 만족과 감사의 사이에서 행복을 주워라

## 비교만큼 어리석은 일은 없다

사람들은 자신을 남들과 비교하거나 남들에 의해 비교당하는 것에 너무 익숙해져 있다. 그건 어릴 때부터 자연스럽게 몸에 뱄기 때문일 것이다.

"형만큼 공부 좀 잘해라."

"네 친구는 얌전한데 넌 왜 그렇게 천방지축이니?"

비교에 노출된 사람은 두 가지의 감정에 시달리게 된다. 하나는 열등감이다. 자기보다 잘난 사람을 보면 스스로 자신의 능력이나 재능을 폄하하고 심지어 그 사람을 질투하고 시기의 대상으로 여긴다.

또 하나의 감정은 우월감이다. 자기보다 못난 사람

을 보면 우쭐대고 행동을 과장하게 되며 그 사람을 무시하게 된다. 결국 비교의식은 자신의 재능과 능력을 파괴하고 또한 자신의 겸손과 대인관계를 무너뜨리고 만다.

그러니 굳이 남들과 비교할 이유가 없다. 자신의 지금 모습을 인정하고 자신의 잠재된 재능과 능력을 신뢰하고 남의 부족한 점을 보완하면서 나의 발전을 꾀하는 현명함이 필요하다.

누구와 비교한다는 건 무의미하다. 자신이 그 어떤 사람보다 못날 이유도 없다. 또한 지금의 상황이 불우하다고 해서 기죽을 필요도 없다. 노력 여하에 따라 최고의 자리에 오를 수도 있다. 누구에게나 똑같은 재능과 능력이 있다. 그걸 단지 사용했느냐 아니면 포장 상태에 있느냐의 차이일 뿐이다.

현재 자신의 모습에 만족할 줄 알아야 한다. 그렇다고 지금 현실에 안주하라는 건 아니다. 만족 속에 자신감이 있고 의욕이 있다. 만족하는 사람은 하나같이 자기 자신에 대해 떳떳하고 당당하다.


## 욕심은 불행을 유인한다

덩샤오핑이 미국에 방문했을 때의 일이다. 한 기자가 짓궂게 그의 작은 키를 건드렸다. 덩샤오핑은 기분이 좀 상하긴 했지만 그렇다고 화를 내지 않았다. 오히려 부드러운 말투로 되받아쳤다.

"만일 하늘이 무너진다면 당신처럼 키가 큰 사람들은 낑낑대며 하늘을 떠받들고 있겠지만 나 같은 사람들은 자유롭게 돌아다닐 수 있습니다."

덩샤오핑은 자신의 작은 키에 열등의식을 갖지 않았다. 늘 자신감으로 무장해서 더 크게 세상을 보고 더 크게 삶을 살았다. 그렇다고 지나친 자신감으로 살라는 건 아니다. 자신감을 갖되 겸손한 자신감을 가져야 한다.

다이안 제닝스는 자신의 책에서 이렇게 말했다.

"성공한 여성들이 한결같이 지니고 있는 두드러진 특징 중의 하나는 확고한 자신감이다. 그것은 사무실에 들어가는 순간 드러나는 행동방식에서부터 유머감각에 이르기까지 이들이 하는 모든 일에 스며들어 있다. 이들이 표출하는 자신감은 다른 사람들의 반감을 사는 오만이나 자기중심적인 태도와는 거리가 멀다. 오히려 그것은 확신과 안정이라는 차분한 의미를 지닌 부드럽고 겸손한 자신감이다."

만족이 없는 순간 욕심이 생기고, 욕심이 지속되면 불행이 찾아온다. 지식이 아무리 많아도 만족하지 못한다면 그는 무식한 사람일 테고 재물이 아무리 많아도 만족하지 못한다면 그는 가난뱅이에 불과하다. 자신의 모습과 자신이 가진 것에 때론 만족하고 감사하는 것이 행복의 시작이다.

"표현하기 위해 태어났다"라고 말하는 패션모델 장윤주는 소위 '신이 내린 몸매' 다. 그녀의 주가는 지금 하늘을 찌를 만큼 높아져 있다. 그렇다고 그녀가 완벽한 건 아니다. 일반 사람 기준으로 보면 키 172센티미터가 큰 편이겠지만 모델 세계에서는 작은 편에 속한다. 그리고 얼굴 또한 그다지 곱게 생긴 편이 아니다. 일반 여성에 비해 작다 싶게 쭉 찢어진 눈. 그러나 그녀는 자신의 모습에 충분히 만족한다.

"오히려 몽골 사람처럼 생긴 얼굴이 만족스러워요. 이 작은 키에 얼굴이 예뻤다면 모델치고는 너무 평범했겠다 싶거든요."

당신은 하루에 몇 번이나 감사하면 살고 있는가?

아리스토텔레스는 "인간의 마음 중에 가장 쉽게 늙는 부분이 있다면 그것은 곧 감사하는 마음" 이라고 말했다.

감사하는 마음을 가지지 않는 자는 쉽게 늙고 삶의 의욕도 없어진다. 감사의 마음을 가지면 지금의 혜택에 만족하기에 조금 손해를 보더라고 한걸음 물러날 수 있는 여유를 지니게 된다. 그러나 탐욕이 눈이 멀어 남보다 하나를 더 가지려고 한다면 그건 헤어나올 수 없는 늪을 향해 전진하는 것이다.

이런 말이 있다.

"바다는 메워도 인간의 욕심은 메울 수 없다."

남의 그늘이면 어떻고 남의 밑이면 어떤가. 내 마음
이 양지이고 내 능력과 재능이 무궁하다고 믿는다면
그걸로 충분하지 않겠는가!

"술과 담배는 아예 안 하려고 하는데, 특히 담배는 죽을 때까지 안 피울 거예요."

제12회 세계선수권대회 남자 자유형 400미터 결승에서 우승한 뒤,
박태환이 한 언론과의 인터뷰 중에 한 말.

## 수영선수 박태환

중학교 3학년 때, 국가대표로 발탁된 이후, 2006 도하 아시안게임 수영 남자 자유형 200미터, 400미터, 1,500미터 금메달과 2007 세계수영연맹(FINA) 선수권대회 남자 자유형 400미터 금메달을 획득하면서 세계적인 수영 스타로 주목받게 되었다.

# 스스로 매니저가 되어 자기 자신을 관리하라

## 자기관리가 인생의 승패를 좌우한다

세계 3대 테너로 루치아노 파바로티, 플라시도 도밍고, 호세 카레라스를 꼽는다. 이 세 사람은 천상의 목소리로 전 세계 수억 인구의 눈과 귀를 감동시켰다.

세 사람 중 루치아노 파바로티는 몇 해 전 은퇴한 뒤 안타깝게도 유명을 달리하고 말았다. 은퇴 후 그는 기자 회견에서 다음과 같이 말했다.

"내 인생에서 가장 후회되는 것은 체중이다. 만일 과거로 돌아갈 수 있다면 몸무게가 이렇게 많이 나가게 하진 않을 것이다. 내가 메트로폴리탄에서 공연을 시작한 지 30주년이 되던 1998년에 난 40킬로그램을 감량했다. 그러나 그 이후 나는 다시 먹기 시작했다. 나의 식욕은 다이어트 전문기관도 어쩌지 못했다. 그것은 나의 치명적인 약점이었다."

살아생전 그의 마지막 공연을 관람했던 청중들의 반응은 냉담했다.

"공연 중 그는 육체적으로 그 어느 때보다 더 무거워 보였고 거의 움직이지 못했다. 타고난 음악성과 풍부한 음성의 카리스마, 풍부한 에너지를 지니고 있었던 그에게서 이처럼 힘 빠진 노래를 듣는다는 것은 슬픈 일이다."

그가 좀 더 자기관리에 철저했다면 얼마나 좋았을까 하는 생각이 든다. 이제 우리는 세계적인 테너 중 한 사람의 목소리를 들을 수 없게 되었다. 물론 그가 젊은 나이에 요절한 것은 아니지만, 그래도 자기관리에 더 철저했다면 여전히 왕성한 활동을 하고 있을지도 모를 일이다.

그에 반해 영화배우 이영애는 자기관리가 참으로 철저하다. 광고모델로 여전히 사랑받고 있다. 그녀의 순수해 보이는 외모만이 전부는 아니다. 그만큼 자기관리에 능하기 때문에 광고주들이 선호한다.

회사에서 광고모델은 곧 자사의 이미지다. 모델이 사회적으로 물의를 일으키면 그 회사의 이미지도 같이 망가지고 만다. 그렇기 때문에 회사는 광고모델을 선정할 때 도덕적인 사람을 선호하게 된다.

이영애는 그 흔한 스캔들도 나지 않는다. 또한 사회적인 물의와는 거리가 멀다. 그러기에 여전히 그녀는 최고의 자리에 있고 늘 광고모델 1순위를 놓치지 않는 것이다.

삼성의 창업주인 고(故) 이병철 회장도 자기관리에 철저한 인물로 알려져 있다. 그는 어떤 일이 있어도 늘 새벽 6시 기상 밤, 10시 취침을 지켰다. 새벽에 일어나서는 항상 목욕을 한 뒤 정신을 가다듬고 하루 일과와 훗날을 위한 사업 구상을 했다고 한다.

그리고 전화를 할 때는 미리 할 말을 메모해서 그 내용을 보면서 할 말만 했다. 불필요한 돈은 쓰지 않고 개인적인 만남이나 가족 모임 같은 경우에는 절대 회사 공금을 쓰지 않았다.

그만큼 자기 자신에 대해 철저하고 일에 대해 정직하고 성실한 모습을 보였기 때문에 지금도 존경을 받는 경영인으로 기억되는 것이다.


## 건강, 시간, 행복관리에 철저한 사람이 되라

인생을 보다 가치 있게 살기 위해서는 남들에게는 관대해야 하지만, 자기 자신에게는 철저하고 냉정해야 한다. 다시 말해서 자기관리가 능한 사람이 최후에 웃는 사람이 되는 것이다. 자기관리가 필요한 세 가지 요소가 있다. 그건 바로 건강관리, 시간관리, 행복관리다.

첫째, 건강관리는 아무리 강조해도 지나치지 않다. "돈을 잃으면 조금 잃는 것이요, 신용을 잃으면 많이 잃는 것이요, 건강을 잃으면 다 잃어버린 것이다"라는 말이 있다. 그만큼 건강은 인생의 전부다. 건강한 신체에서 건강한 생각이 나오고 건강한 꿈이 나오는 것이다. 꿈과 성공을 좇다 보면 자칫 건강을 소홀히 할 수도 있다. 그러나 그건 작은 것을 얻기 위해 정작 큰 것을 잃어버리는 꼴이 된다. 건강관리가 가장 우선시 되어야 한다.

둘째는 시간관리다. 시간은 강물처럼 흘러간다. 지금 이 순간에도 이미 시간은 과거 속으로 사라졌다. 누구에게나 하루 똑같이 주어지는 24시간, 그 시간을 어떻게 보내느냐에 인생의 승패가 달려 있다. 헛되게 하루를 보낸 사람은 이틀 동안 눈물을 흘리게 될 것이다. 오늘 하루를 보람 있고 알차고 가치 있게 보내기 위해서는 철저한 시간계획과 실천이 중요하다. 시간관리에 능한 사람은 그만큼 자신이 이루고자 하는 꿈과 더욱 가까워진다.

셋째는 행복관리다. 행복은 우리 가까이에 있다. 그렇다고 아무에게나 주어지는 것이 아니다. 그것을 발견하는 자에게만 주어진다. 아침에 일어나 창가에 드리운 햇살에 행복을 느끼는 이가 있는가 하면 그 햇살의 행복을 잊고 사는 이도 있다. 행복은 거창한 게 아니다. 작은 행복이 모이고 모여 큰 행복이 되는 것이다. 작은 것에도 관심을 기울이고 내 행복으로 받아들인다면 그 사람이 진정으로 행복한 사람이다. 행복은 발견하고 가꾸고 키워가는 것이다.

어리지만 이미 박태환 선수는 최고의 자리에 올랐다. 건강관리, 시간관리, 행복관리에 능했기에 그 자리에 오를 수 있었다. 그러나 중요한 건 지금부터다. 그 세 가지를 계속해서 관리하고 지켜가야 한다. 그래야 지금보다 더 큰 사람이 될 수 있다.

물론 여러분도 마찬가지다. 유혹이나 꼬임에 넘어가거나 흔들리지 말고 자신의 강한 의지도 자신을 지켜야 한다. 그리고 앞을 향해 달려야 한다. 남들에게는 아낌없는 사랑을, 자기 자신에게는 끊임없는 채찍과 자극을 통해 오늘보다 더 발전된 내일의 나로 성장시켜야 한다. 그게 바로 성공으로 가는 길이고 또한 인생을 보다 가치 있게 사는 것이다.

나의 매니저는 나 자신이다. 스스로 경영하고 스스로 관리하고 스스로 발전시켜라. 그게 여러분이 풀어야 할 과제이고 인생이다.

**Think Tank**

우연만을 믿는 사람은 준비를 하는 사람을 비웃는다.

준비를 하는 사람은 우연 따위에는 신경을 쓰지 않는다.

행운이 찾아오지 않는 데에는 그럴 만한 이유가 있다.

행운을 움켜쥐려면 미리 준비를 해야 한다.

행운을 맞이할 준비는 자기 자신밖에 할 수 없다.

그리고 그 준비는 누구나 당장 시작할 수 있다.


―알렉스 로비라 셀마의 《준비된 행운》 중에서

# 3

## 경제계

"마누라와 자식만 빼고 다 바꿔라."

삼성그룹의 '신경영'을 선포하며 이건희 회장이 한 말.

## 기업가 이건희

삼성그룹 창업자인 이병철의 셋째 아들로, 전(前) 삼성그룹 회장이
다. 인간중심, 기술중시, 자율경영, 사회공헌을 경영의 축으로 삼아
획기적인 경영혁신을 추진해 삼성그룹을 세계 일류기업으로 도약하
게 했다.

# 고정관념의 감옥에서 반드시 탈출하라

## 새로운 날개를 달아라

개인이나 기업이나 '터닝 포인트'가 있다. 그 시기에 적절하게 변화를 꾀해야 도약을 할 수 있는 것이다. 영원한 안정을 보장받지 못한다. 하루아침에 토네이도 같은 태풍이 우리의 삶을 싹 쓸어갈지도 모른다.

그러니 미리미리 제방을 쌓고 나무를 심고 튼튼한 몸을 만들어야 한다. 바로 지금이 변화의 시점이고 과거의 나를 버릴 시점이고 나의 사고와 행동을 규제했던 고정관념에서 벗어나야 하는 시점이다.

그 시점에 버리지 않고, 움직이지 않고, 나아가지 않다가 결국 때를 놓치게 된다. 그러면 도약은커녕 그 자리에서 정체되거나 아니면 뒤로 퇴보하고 만다.

영원한 안정을 보장받기 위해서는 과거의 안위와 나태를 벗어 던지고 변화라는 새로운 날개를 달아야 한다. 처음에는 그 날개가 어색하고 무겁고 거추장스럽게 느껴지겠지만 곧 그것이 더 잘 어울린다는 걸 깨닫게 된다.

마이클 레빈의 책《깨진 유리창의 법칙》을 보면 K마트의 사례가 나온다.

K마트 로고는 1980년대와 1990년대 미국의 어느 지역에서든 눈에 띄었다. 고속도로에서도 쇼핑센터에서도 K마트 로고를 만날 수 있었고, 1994년 미국 내 매장이 2,323개에 이르렀다.

그런데 창립 40주년을 맞은 해인 2002년 K마트는 법정관리를 요청하면서 푸에르토리코에 있는 50개 매장을 폐쇄하는 구조조정을 단행하기로 한다. 어느 누구도 예상하지 못했던 일이었다. 그 원인은 고객 서비스의 부재와 방만한 경영 때문이었다. K마트는 오만에 빠진 것이다.

월마트 매장은 쇼핑하기 편리한 곳에 자리를 잡았는데, K마트는 임대료를 아끼는 데 신경을 썼다. K마트 측은 자신들의 힘이 강력하기 때문에 그쯤은 아무 문제가 없을 것이라고 생각했다. K마트는 한 걸음 더 나아가, 질 좋은 제품을 가장 싼 가격에 제공하겠다는 고객과 한 약속을 지키지 않았다. 즉, 특별 할인 제도를 폐지하고 말았다.

그리하여 백화점도 아니고 할인점도 아닌, 게다가 고객을 우대하지도 않는 이상한 성격의 K마트는 흔들리기 시작했던 것이다. 결국 오늘날 세계 최대 할인 매장이 된 월마트와 쌍벽을 이루었던 과거의 화려함은 퇴색하고 말았다.

## 고정관념이라는 감옥에서 빠져나와라

우리가 알다시피 거대한 공룡은 어느 날 갑자기 사라지고 말았다. 변화하는 환경에 적절하게 대처하지 못하고 또한 적응하지 못했기 때문이다.

삶도 마찬가지다. 반복되는 일상 속에서 쉽게 고정관념에 빠질 수 있다. 물론 고정관념이 당장 우리들에게 눈에 보이는 손해를 끼치지는 않는다. 그러나 그것의 위험성이 바로 거기에 있다. "가랑비에 옷 젖는다"는 말처럼 삶을 좀먹게 되고 결국 미래를 무너뜨리고 마는 것이다. 물론 고정관념을 버린다는 건 그리 쉬운 일이 아니다.

아프리카 탄자니아의 초원에 있는 누 떼의 행동습성을 보더라도 알 수 있다. 그들은 매년 비가 오지 않는 건기에 새로운 풀을 찾아 1,600킬로미터나 되는 먼

거리를 수만 마리의 누 떼가 엄청난 양의 먼지바람과 땅이 흔들릴 정도의 굉음을 내며 달린다.

그런데 이 누 떼의 이동을 수년 동안 지켜보던 한 동물학자는 안타까운 현상을 발견했다. 그것은 누 떼가 매번 지름길을 놔두고 멀고 험한 길을 달린다는 것이다. 맨 앞에서 무리를 이끄는 누 때문인데 이들은 처음 들어선 길을 좀처럼 바꾸지 않는 습성이 있다고 한다. 이 습성 때문에 약하고 힘없는 다수의 누는 죽고 만다.

이처럼 기존의 방식이나 고정관념을 버리기란 어렵다. 어렵기 때문에 버려야 하는 이유가 더 분명해진다. 버릴 줄 알고 새로움을 받아들이는 자만이 달콤한 열매를 얻을 수 있는 것이다.

한국KMK색채연구소 김민경 소장은 아래와 같이 말했다.

"고정관념을 깨뜨리는 컬러전략은 컬러 마케팅의 교과서라 할 수 있다. 지난 1920년 검은색과 갈색만 있었던 만년필에 대담하게 빨간색을 사용한 미국의 파커 만년필, 파스텔톤을 입힌 매킨토시 컴퓨터의 성공 등을 들 수 있다. 보수적인 소비자들이 있는 반면, 기존에 없던 새로운 것을 갈구하는 도전적인 소비자들도 있게 마련이다."

고정관념이라는 벽으로 막힌 방에서 당장 탈출해

라, 더 이상 기다리지 말고 망설이지도 마라. 지금이 가장 좋은 때다. 지금이 바로 터닝 포인트다. 그리고 만나라. 방밖에서 성공이라는 선물이 미리 마중 나와 기다리고 있을 것이다.

삶의 CEO는 바로 자기 자신이다. 자신의 삶의 주인이 되어야 한다. 매일 아침 출근해 자신의 할 일과 실적을 체크하듯 오늘 주어진 인생을 체크하고 내일의 인생을 계획하고 나아가 자신과 관계된 인연들을 운영하고 지휘하고 우량하게 키워나간다면 분명 멋진 인생을 얻게 될 것이다.

"벼랑 끝에 나를 세워라. 지금은 위기와 전쟁 중이다."

각종 인터뷰와 자서전에서 좌우명이라며 박형미가 자주 한 말.

## 기업가 박형미

벌교상고를 졸업한 뒤 화진화장품에 입사해 말단 직원으로 사회생활을 시작한 그녀는, 일에 대한 열정으로 화장품 방문판매 업계의 '대모'로 평가받으면서 30대 말인 2001년 4월 그룹 부회장에 취임했다. 현재는 파코메리 사장으로 일하고 있다.

# 위기와의 전투에서 살아남아 승전보를 전하라

## 위기는 '위험'과 '기회'의 합성어다

위기에 처하면 누구나 다 한숨부터 내쉰다. 그러나 그 한숨은 해석하기 나름이다. 부정적인 사람은 그 한숨을 절망의 한숨이라 말하겠지만 긍정적인 사람은 그 한숨을 도약하기 위한 숨 고르기라고 말한다.

일찍이 미국 부동산 업계의 신화 도널드 트럼프는 이런 말을 했다.

"승자와 패자의 차이는 인생의 고비에서 어떻게 반응을 보이느냐에 달려 있다."

1913년 8월 빌흐잘무르 스테팬슨이 이끄는 탐험선 칼럭호는 북극 지역을 향해, 1914년 12월 어니스트 섀

클턴 경이 이끄는 인듀어런스호는 남극 지역을 향해 닻을 올렸다.

그런데 공교롭게도 둘 다 암초에 걸리는 위기 상황을 맞게 되었다. 그런데 그 위기에 대처하는 자세가 달랐다. 칼럭호의 선원들은 위기 앞에 절망과 불신을 택했다. 그 결과 선원들은 북극의 얼음 위에서 생을 마감했다.

인듀어런스호의 선원들은 위기 앞에서 희망과 승리를 택했다. 1916년 8월 25일 모든 대원들이 구조되었다. 남극권에 들어선 지 537일 만의 일이었다.

위대한 삶을 살았거나 성공한 사람들에겐 공통점이 있다. 바로 마음속에 긍정의 씨앗을 뿌렸다는 것이다. 99퍼센트의 위기 상황 속에서도 그들은 1퍼센트의 희망을 믿고 그 희망을 기회로 만들 줄 아는 지혜를 가졌다.

윈스턴 처칠은 이렇게 말했다.

"위기가 닥쳐올 때 절대로 뒤로 도망쳐서는 안된다. 그렇게 하면 위험은 두 배가 되는 법이다. 반대로 단호하게 거기에 맞서면 위기는 반감된다. 결코 도망쳐서는 안된다. 절대로 도망치지 말라."

누구나 살다 보면 수시로 위기와 맞닥뜨리게 된다. 그럴 때, 도망치지 말고 이걸 기억하라. 위기는 '위험(危險)'과 '기회(機會)'라는 두 단어의 합성어라는 사실을.

"위기가 곧 기회"라는 말이 있다. 그건 단지 위기에 처한 자들을 위로하기 위해 지어낸 말이 아니다. 더 이상 물러설 수 없을 때, 우리는 죽기 살기로 마지막 힘을 다해 저항하게 된다. 그 저항은 우리 가슴속에 잠자고 있던 무한한 에너지를 만들어내고 최고의 잠재 능력을 발휘하게 만든다.

### 역경지수(AQ)가 중요하다

한 겨울 높은 산에 오르기에 가장 좋은 시간은 밤 12시라고 한다. 그 시간이면 한창 잠을 잘 시간이기 때문에 몸이 피곤하고 고단하겠지만, 눈이 단단히 얼기 때문에 눈사태가 거의 일어나지 않는다. 몸 상태가 가장 좋지 않을 때, 가장 좋은 결과를 낼 수 있다는 말이다.

또 하나의 이야기다. '죽음의 경주'로 불리는 다카르 랠리가 있다. 프랑스 파리에서 출발해 사하라 사막을 횡단해서 세네갈 다카르에 이르는 자동차 및 모터사이클 경주다. 경주 도중에 극한 상황을 만나면 목숨을 잃을 수도 있다. 사실 완주율이 30~50퍼센트에 지나지 않는다.

그런데 왜 사람들은 굳이 그런 도전을 하고는 걸까?

그 대회에 우승한 자동차나 모터사이클은 그만큼 우수한 성능을 가진 제품이라 걸 증명하는 셈이다. 위기 속에서 100퍼센트 이상의 잠재능력을 발휘해 기회를 창출하는 것이다.

세계적인 타이어 기업인 미쉘린의 최고경영자 프랑수아 미슐렝는 이렇게 말했다.

"나는 경험으로 알고 있습니다. 인간은 극한 상황에 처했을 때 그것을 극복하는 놀라운 저력을 발휘한다는 것을. 나는 인간의 능력을 신뢰합니다. 인간은 자신의 가능성을 인정받고 그 가능성을 펼칠 기회를 얻으면 무한한 능력을 발휘합니다. 유일하고, 자유롭고, 책임감 있는 모든 인간은 태양처럼 빛이 납니다. 자신의 에너지를 자유롭게, 최대한도로 발휘하는 것이 가장 중요합니다."

요즘은 지능지수(IQ)나 감성지수(EQ) 창의력지수(CQ)보다 역경지수(AQ, Adversity Quotient)가 중요시되고 있다.

머리가 아무리 좋고 감성이 풍부하고 생각이 다양하다고 해도, 위기 앞에 무릎을 꿇는다면 그 모든 것이 물거품이 되고 만다. 역경을 극복하기 위한 방법들이 이미 많은 책에서 소개되어 있다. 그 중에서 가장 중요한 두 가지 방법을 선별했다. 역경을 극복하는 방법이다.

첫째, 위기상황을 외면하지 말고 있는 그대로 받아들여라. 괜히 '왜 이런 일이 나에게 온 거지' 라고 자조 섞인 목소리로 머뭇거리거나 물러나지 마라. 시간 낭비이고 힘만 뺄 뿐이다. 차라리 그 시간에 해결 방법을 찾는 게 더 현명한 일이다.

둘째, 강한 자신감을 가져라. 극한 상황에 가장 중요한 건 자신감이다. 극복할 수 있다는 믿음을 갖고 당당히 맞선다면 분명 놀라운 거인의 힘이 솟아날 것이다.

벼랑이 눈앞에 있거든 물러서지 말고 오히려 벼랑 끝을 향해 더 한 걸음 나아가라. 그런 용기와 자신감이 위기를 극복하는 힘이 된다.

"학교 숙제가 많아서 쉬는 시간이 거의 없습니다."

워튼스쿨의 EMBA(최고경영자 경영학 석사) 유학 중 한 언론사와의 인터뷰에서 안철수가 한 말.

## 기업가 안철수

7년 동안 컴퓨터 백신을 만들기 위해 의학공부와 컴퓨터 공부를 병행한 그는 1995년 안철수 컴퓨터바이러스연구소를 설립했다. 그후 안철수연구소의 대표이사이자 사장, 소프트웨어벤처협의회 회장, 아시아안티바이러스연구협회 부회장 등을 역임했다.

꿈속에서조차
배움의 열정을 놓치지 마라

인재는 얻어지는 게 아니라 길러진다

'행시주육(行尸走肉)' 이란 옛말이 있다. "배움이 없
다면 더 이상 사람일 수 없고 그저 걸어 다니는 시체
요 달리는 고깃덩어리와 다름없다" 라는 뜻이다.

이처럼 배움을 게을리하거나 멈춰선 안된다. 인간
이라면 배움에 정진해야 한다. 배움은 자기를 성장시
키는 비타민이고 성공을 이루고 또한 성공을 지속 지
키는 원천이기도 하다.

지금 여러분은 자신의 미래를 위해 얼마나 배움에
열망하고 있는가?

몸을 관리하고 자신감도 쌓고 열정을 갖는 것도 중

요하지만, 자기가 하고자 하는 일에 대한 지식을 미리미리 쌓아 두는 게 더욱 중요하다. '수박 겉핥기' 식의 얕은 지식이 아닌 보다 전문적인 지식을 가져야만 남보다 앞설 수 있고 남을 이끌 수 있으며 남에게 존경받을 수 있다.

'이제 배우는 건 신물이 나!' 하고 투정을 부리는 사람도 있다. 그러나 그런 사고방식으로는 다람쥐 쳇바퀴 신세를 모면하기 힘들다. 발전을 하기 위해선 투자를 해야 한다. 투자도 하지 않고 대가를 바라는 것만큼 어리석은 일은 없다. 시간이든, 열정이든, 공부든 간에 투자를 해야만 지금보다 더 성공적인 삶을 기대할 수 있는 것이다.

대한항공 이택용 이사가 회사의 중책인 인력개발센터장을 맡게 되었을 때의 일이다.

회사로부터 그는 이런 통보를 받았다.

"내일부터 서울대로 출근하시오."

그는 처음엔 의아해했다.

'대한항공 교육훈련센터는 서울시 강남구에 위치해 있는데 왜 서울대로 출근하라는 걸까?'

그 이유가 궁금한 그는 회사 측에 문의했다. 그랬더니 이런 답변을 주었다.

"회사에서 서울대에 의뢰해 개설한 미니 MBA 과정이 있습니다. 이 과정을 이수하세요. 회사 일은 모두 다 잊고 공부에만 집중하세요. 교육 중에서는 센터장님 대신 직무대행자를 지정할 것이고 또한 결제라인에서 배제시킬 것입니다. 그러니 공부에만 매달리세요."

그는 15주 동안 고교 3학년 때보다 더 빡빡한 일정을 소화했다. 인사관리, 마케팅, 조직행동, 재무관리 등 경영학 전반에 대한 교육은 물론 협상전략, 리더십 등 임원으로서 갖춰야 할 전문지식도 배웠다.

때늦은 공부였지만 대만족이었다. 자신 스스로 경쟁력을 갖출 수 있는 계기가 되었고, 자칫 시대에 뒤떨어질 뻔한 감각과 실력을 쌓을 수 있었기 때문이다.

GS그룹의 허창수 회장은 교육에 대해 이렇게 피력한 적이 있다.

"인재는 얻어지는 게 아니라 길러지는 것이다."

### 오늘의 배움이 내일의 행복을 만든다

CEO 수업이나 기업가정신을 교육받았다고 유능한 인재가 될 수 있을까? 물론 반론을 제기하는 사람도 있다.

휴머윈블라드 벤처파트너스의 공동 설립자인 앤 윈블라드는 이렇게 말했다.

"기업가정신은 타고나는 일종의 천재인자나 마찬

가지이며 만들어질 수 없다."

빌 게이츠, 스티브 잡스가 대학 과정을 다 마치지 않고 자기 분야에서 성공을 거뒀다는 것이다. 물론 그 말이 옳을 수도 있다. 그러나 분명 교육은 사람을 변화하게 만든다. 또한 자신의 미처 깨닫지 못한 부분을 배울 수 있기 때문에 다양한 시각을 갖게 되고 삶의 자극이 되어 큰 도움이 된다.

실제로 이런 조사 결과가 있다. 미국에서는 기업가 정신을 특화한 MBA 졸업생과 일반적인 MBA 과정을 마친 졸업생들이 5년 후 받는 연봉을 비교했다. 예상했듯이 전자가 훨씬 높았다.

이들의 연봉 차이는 평균 7만 2,000달러로 전자가 후자의 연봉보다 무려 27퍼센트 높았다. 게다가 전자가 자기 회사를 차릴 비율로 세 배 정도가 높았고 사업성공률도 높았다는 것이다.

벤저민 프랭클린은 이렇게 말했다.

"오늘 하루는 미래의 이틀을 합친 것보다 더 가치 있다. 지금의 내가 미래의 나를 만든다."

과거의 안일과 안주보다는 오늘의 배움에 투자해야 한다. 그럼 내일이 두렵지 않고 미래의 가치를 최고로 높일 수 있다.

배움에는 끝도 없고 때도 없다. '이 정도면 됐다. 내가 아는 것이 최고다'라고 자신의 지식과 경험에 교만하지 않아야 한다. 배움의 끝은 없다. 시대가 바뀌고 사람이 바뀌듯 지식도 변하게 마련이다. 늘 새로운 배움을 향해 도전하고 받아들여야 한다.

또한 배움의 때도 없다. '이 나이에 뭘 하겠나', '남들이 흉보면 어떻게 해' 하고 망설일 필요도 없다. 배움 앞에 나이도 신분도 없다. 생각해보라. 통장에 돈이 쌓이는 것만이 어찌 기쁨의 전부이겠는가. 마음속에 지식과 지혜와 미래의 비전이 하나하나 쌓인다면 그것도 아주 큰 기쁨이지 않는가.

삶의 변화를 꿈꾼다면, 경쟁력을 강화시키고 싶다면, 마음을 더 채우고 싶다면 당장 책을 들어라. 당장 스승의 말에 귀 기울여라. 하얀 밤을 지새우며 공부했던 날을 기억하라. 그럼 분명 여러분의 인생은 앞으로 나아갈 뿐만 아니라 깊이도 함께 얻을 것이다.

## "해보기나 했어?"

부하직원들이 "이것은 절대로 못합니다"라고 투덜거릴 때,
부하직원들을 다그치며 정주영이 자주 했던 말.

## 기업가 정주영

불굴의 의지와 도전정신으로 현대그룹의 창업한 그는 제14대 대통
령선거에 통일국민당 대통령 후보로 출마하기도 했다. 1998년 판문
점을 통해 '통일소' 500마리와 함께 판문점을 넘어 주목을 받았고
이후 1998년 남북 민간교류의 획기적 사건인 '금강산관광'을 성사
시켰다.

# 앞을 막는 걸림돌은 불도저로 싹 밀어버려라

## 실패는 성공으로 가는 징검다리일 뿐

시도하지 않으면 당장 큰 손해는 보지 않는다. 그러나 시도가 없으면 변화도 없고, 시도가 없으면 성과도 없고, 시도가 없으면 발전도 없다. 머뭇거리고 주저하기만 한다면 그 자리에만 머물 뿐 앞으로 나아갈 수 없다. 결국 시도하지 않는다는 것은 언제가 찾아올 비극을 앉아서 기다리고 마는 꼴이 되는 것이다.

마음속 두려움과 망설임을 버려야 한다. 또한 오늘과는 다른 미래가 올 거라는 걸 믿음을 가져야 한다. 혹여 실패를 한다고 해도 자책하거나 주저앉지 마라. 실패가 성공으로 가는 징검다리이기 때문이다.

불굴의 의지와 도전을 말하면 가장 먼저 생각나는 기업인이 바로 현대그룹을 창업한 정주영 회장이다. 그는 맨주먹과 맨발로 현대그룹을 일궈냈다. 그는 세상을 떠나고 없지만 여전히 그의 삶은 이제 막 사업을 하려는 젊은 사장들에게 큰 힘과 용기를 북돋아주는 귀감이 되고 있다.

정주영 회장 못지않게 불굴의 의지와 도전으로 우뚝 선 사람이 있다. 바로 모바일 서비스 전문 업체 5425의 조웅래 대표다. 그는 우리나라 벤처 1세대다. 그는 안정적인 회사를 그만두고 단돈 2,000만 원으로 5425를 창업했다. 가족들과 친구들은 왜 그런 좋은 직장을 그만두고 불구덩이에 들어가느냐고 말렸다. 그러나 그는 웅덩이에 머물러 있는 물고기보다는, 비록 힘들지만 바다를 누비는 물고기이고 싶었다.

그는 휴대폰 벨소리 서비스 사업을 시작했고 아직 자리도 잡기 전에 엄청난 돈을 광고비로 쏟아 부었다. 몇 명 되지도 않는 직원들이 그를 만류했다. 그러나 그는 거침없이 달렸다. 실패가 두려우면 시작도 하지 않았다는 그의 각오와 의지가 결국 그를 승리자로 만들었다. 휴대폰 벨소리 서비스는 소비자들의 감성을 자극해 순식간에 벤처 성공신화를 이뤘다.

거기에서 멈추지 않고 그의 도전정신은 계속되었다. 대전의 소주회사 선양을 인수한 것이다. 휴대폰 벨소리 서비스 회사가 무슨 소주 회사냐며 그를 아는 모든 사람들은 한사코 만류했지만 소용이 없었다. 결과는 우려와는 달리 이번에도 성공이라는 선물을 얻었다.

물론 불굴의 의지와 도전이 있다고 해서 모두 성공을 이루는 건 아니다. 그러나 적어도 그런 마음이 있다면 성공의 확률을 높일 수 있는 건 사실이다. 성공은 돈으로도 이룰 수 없고 운으로도 이룰 수 없다. 성공의 열쇠는 누구에게 돌아가는가. 바로 남들이 주저하고 망설이는, 비록 그곳에 불구덩이라도 과감히 몸을 던질 수 있는 자만이 얻을 수 있는 선물인 것이다.


## 멈추지 않는 도전, 그게 성공이다

인생의 프로가 되기 위해선 남들이 경험하지 못한 시련을 먼저 만나야 하고 또한 남들이 이미 경험한 시련의 몇 배 정도는 거뜬히 참고 견딜 정신력을 가져야 한다. 그래야 진정한 프로로 재탄생할 수 있다.

진정한 프로의 삶을 살고 있는 두 사람이 있다. 한 사람은 박지성이고 또 한 사람은 에드먼드 힐러리 경이다.

박지성은 자신의 책《멈추지 않는 도전》에서 이렇게 말했다.

"10년 넘게 혹사시켜 상처투성이인 발. 퍼거슨 감독이 내 발을 필요로 한다 이 말이지. 그래 한번 해보는 거야. 어차피 아무것도 없는 곳에서 시작했잖아. 맨유! 그리고 프리미어리그! 좋아, 도전해보자!"

작은 체구에도 불구하고 세계무대에서 주눅 들지 않고 당당하고 활기찬 플레이를 보여주는 에너지의 원동력은 바로 강한 의지다. 그리고 멈추지 않는 도전일 것이다.

에드먼드 힐러리 경도 마찬가지다. 1940년대 초, 그는 세계에서 가장 높은 산 에베레스트 정복에 나섰다가 실패했다. 그는 내려오는 길에 이런 말을 했다.

"산아, 너는 자라나지 못하지만 나는 아직 젊기 때문에 계속 자랄 것이다. 나의 기술도, 나의 힘도, 나의 경험도, 나의 장비도 자랄 것이다. 나는 머지않아 너에게 다시 간다. 그리고 기어이 정상에 설 것이다."

그로부터 약 10년 후인 1953년 5월 29일, 그는 역사상 처음으로 에베레스트 정상을 정복했다. 그리고 많은 세월이 흐른 지금도 그의 의지는 꺼지지 않고 금방이라도 불을 뿜어낼 활화산처럼 타오르고 있다. 올해 초 여든 일곱이란 나이에도 불구하고 그는 초인적인 힘을 발휘해 남극 스콧기지 건립 50주년을 맞아 비행기를 타고 남극 원정을 떠났다. 그의 놀라운 의지와 도전정신, 진정한 프로의 모습이라 할 수 있겠다.

망설이다가 놓치고 만 기회가 얼마나 많은가. 시도
하지 않다가 후회만 남은 일들이 얼마나 많은가. 해보
지도 않고 말하지 말자.

정주영 회장의 "해보기나 했어?"라는 그 질문에 당
당히 대답할 수 있는 자만이 최고의 자리에 오를 수
있는 것이다.

"바람이 불지 않으면 달려가라. 그래야 바람개비가 돈다. 과거처럼 앞선 사람을 따라가는 방식이 아닌, 선두에 서서 새로운 길을 개척해야 한다."

2007년, 삼성전자 정기 주주총회에서 윤종용이 한 말.

## 기업가 윤종용

1969년 삼성전자와 인연을 맺게 되어 33세에 이사 선임 등 파격적인 두각을 나타내기 시작했다. 삼성의 '신경영'을 주도하면서 디지털 시대의 서막을 여는 주인공으로 우뚝 섰다. 그의 지칠 줄 모르는 열정과 능력이 오늘날의 삼성전자를 있게 했다. 삼성전자 대표이사 겸 부회장을 역임했다.

# 텃새가 아닌, 새로운 땅을 개척하는 철새가 되라

## 신대륙은 이곳이 아니라 저 먼 곳에 있다

'철새 본능의 법칙'이라는 것이 있다. 이 법칙은 '사시사철 둥지만 지키는 텃새보다는 먹이를 찾아 대륙을 횡단하는 철새의 생존 본능'처럼 현실에 안주하지 말고, 항상 새로운 것을 찾아 개척하며 살라는 것이다.

성공을 원한다면 이 법칙을 따라야 한다. 이미 개척해놓은 성공의 길이 아니라 그 누구도 가지 않은 새로운 길을 열어야만 성공을 할 수 있는 것이다.

지금 눈앞에서 거친 파도가 친다고 닻을 올리지 않고 항구에 머문다면 먼 바다를 그저 동경만 해야 한다. 그러나 거친 파도에도 불구하고 닻을 올린 자는 그 파도를 뛰어넘어 머지않아 바다의 주인이 되고 신대륙을 발견하게 될 것이다.

철새 본능의 법칙을 따른 두 인물이 있다. 한 명은 찰스 린드버그이고 다른 한 명은 임형주다.

1927년, 찰스 린드버그는 둥지를 벗어나 새로운 세상을 향해 비상했다. 시속 160킬로미터도 채 안되는 단발기를 타고 대서양 횡단에 도전한 것이다. 모든 사람들이 그를 만류했다.

"그러다가 죽으면 어쩌려고 그래. 자네 목숨이 몇 개라도 되나? 그렇기 목숨을 헛되게 쓰면 안되지."

그러나 그러한 만류에도 불구하고 그는 한마디 말을 남긴 채 하늘을 향해 비상했다.

"제가 혹여 비행 중 목숨을 잃는다 해도 쓸데없이 시간을 낭비하고 미친 듯이 돈만 모으며 사는 사람들보다는 더 가치 있는 일일 것입니다."

그는 끝내 스피릿오브세인트루이스호를 타고 뉴욕과 파리 사이의 대서양 무착륙 단독비행에 처음으로 성공했다. 더욱이 그는 건강한 모습으로 72세까지 살았다.

임형주의 어릴 때 꿈은 오페라 가수였다. 그런데 그의 음색은 고음 처리는 탁월했지만 오페라에 등장하는 주인공처럼 묵직한 중저음은 나오지 않았다. 약점 때문에 어쩔 수 없이 오페라 가수의 꿈은 접었지만 그렇다고 거기에 굴복하고 싶지 않았다. 약점을 강점으로 바꾸고 싶었다. 그래서 그는 '팝페라'라는 새로운 장르를 개척해 성공을 거두게 되었다.

팝페라(팝+오페라)는 클래식 음악에 팝 스타일을 가미한 퓨전 장르다. 안드레아 보첼리와 같은 가수들이 유명하며, 국내에선 임형주가 처음 음반 발매를 하고 '팝페라의 황태자'란 타이틀을 얻었다.


## 길이 아니어도 좋다, 스스로 길을 만들자

보통 사람들은 어떤 사람이 상식에 벗어나 엉뚱한 일을 하면 격려와 용기를 북돋아주기 전에 늘 비난과 조소를 보인다.

그러나 언제나 새로운 세상을 창조한 사람들은 그러한 과정을 겪게 마련이다. 비행기를 만들고 우주선을 만들고 잠수함을 만들 때도 마찬가지였을 것이다.

그러나 그들은 모두 주위의 시선에 굴복하지 않고 그 길을 걸어갔다. 그랬기에 인류의 발전을 앞당길 수 있었다. 가장 편안할 때가 바로 새로운 일을 찾아 떠나야 하는 시점임을 알아야 한다. 남들이 가지 않는 길을 갈 수 있는 용기만이 새로운 나를 발견하고 더 많은 가능성을 만날 수 있다.

다음은 프로스트의 〈가지 않은 길〉이라는 시의 일부다.

노란 숲 속에 길이 두 갈래 갈라져 있었습니다.
안타깝게도 나는 두 길을 갈 수 없는
한 사람의 나그네로 오랫동안 서서
한 길이 덤불 속으로 꺾여 내려간 데까지
바라다볼 수 있는 데까지 멀리 보았습니다.
그리고 똑같이 아름다운 다른 길을 택했습니다.
그럴 만한 이유가 있었습니다.
거기에는 풀이 더 우거지고 사람이 걸은 자취가
적었습니다.
(중략)
훗날에, 훗날에 나는 어디에선가
한숨을 쉬며 이 이야기를 할 것입니다.
숲 속에 두 갈래 길이 갈라져 있었다고,
나는 사람이 적게 간 길을 택했고,
그것으로 해서 모든 것이 달라졌다라고.

지난 3월 국내에 첫 선을 보인 '태양의 서커스 퀴담'은 '레드오션'을 벗어나 독특하고 새로운 문화 컨텐츠로 '블루오션'을 개척한 사례다.

길거리 곡예사에서 세계적인 예술기업의 CEO가

된 기 라리베르테는 한물 간 공연이라고 치부되었던 서커스를 '해체'와 '재해석'을 통해 자신만의 색깔을 입혀 전혀 새로운 '아트 서커스'를 만들어냈다. 그 공연에 전 세계인들은 열광하게 만들었고 그 수입으로 그는 '세계 100대 부자' 대열에 합류하게 되었다.

새로움에 대한 갈망과 독특한 생각 그리고 실천만 있다면 누구에게나 이 세상은 가능성으로 넘쳐난다. 요즘 기업들도 국내 시장, 선진 시장에 머물지 않고 신흥 시장 개척에 열을 올리고 있다. 신제품뿐만 아니라 신흥 시장을 먼저 선점하는 것이 살아남는 블루오션 전략인 것이다.

어찌 기업에만 해당되는 말이겠는가? 우리의 인생도 어차피 부단한 도전이며 끊임없는 개척이다. 하루가 다르게 세상이 변하는 것만큼 자기 자신도 변해야 한다. 지금의 생활이 영원할 거라는 나태하고 안일한 생각은 이제 버려야 한다. 지금 당장이라도 파도를 헤치고 닻을 올려 떠날 수 있는 마음의 준비를 하고 있어야 한다.

"현진영의 노래와 춤이 하늘에서 뚝 떨어진 것으로 생각합니까? 아닙니다. 트레이닝을 1년 이상 시켰습니다. 보아도 마찬가지입니다. 훈련을 시켜서 큰 성공을 거뒀습니다."

한 언론과 인터뷰 중에서 이수만이 한 말.

**문화사업가 이수만**

1990년대 최고 인기그룹 HOT부터 동방신기, 보아에 이르기까지, 국내 가요계를 강타하고 일본 중국 가요 시장에서 폭발적인 인기를 얻은 가수 뒤엔 언제나 그가 있다. SM엔터테인먼트 이사이자 프로듀서다.

# 연습벌레는 천재를 이길 수 있다

*우연한 성공은 없다, 연습이 성공의 밑거름이다*

어떤 일을 이루기 위해선 일단 뚜렷한 목표를 정해야 한다. 목표를 정하지 않았다면 어렵고 힘든 상황에 맞닥뜨렸을 때 의지가 쉽게 꺾이게 마련이다. 뚜렷한 목표는 다시 한번 일어나 전진할 수 있는 힘을 준다.

목표가 정해지면 다음으로 계획과 그리고 실천이 뒤따라야 한다. 무턱대고 덤비기보다는 철저하고 세심한 계획으로 시행착오를 줄여야 하고 또한 그 목표가 막연한 소원으로 끝나지 않게 하기 위해선 노력과 연습이 뒤따르는 실천이 필요하다.

아무리 목표가 뚜렷하고 계획이 철저하더라도 노력

과 연습을 기울이지 않는다면 무용지물이다.

누구에게나 재능을 타고 난다. 그러나 그 재능을 발견하지 못한 채 평생 가슴에 묻어두고 사는 사람이 있는가 하면, 그 재능을 발견해놓고도 노력과 연습에 소홀히 해서 재능을 사그라지게 하는 사람이 있다. 타고난 재능도 빛을 보려면 훈련으로 단련되어야 하는 것이다.

한국 최고의 타자를 넘어 아시아 최고의 타자로 우뚝 선 이승엽 선수. 2006년 봄, 그는 월드베이스볼클래식 예선 A조 일본과의 경기에서 극적인 투런 홈런을 날리며 일본야구의 높은 코를 납작하게 만들었다.

경기 직후 가진 기자회견에서 "일본 야구가 한 수 위라고 생각한다. 일본을 이기기 위해서는 더욱 많은 훈련과 노력이 필요하다고 생각했을 뿐"이라고 말을 남겼다. 그의 말 속에는 겸손함을 느낄 수도 있지만 그 겸손함 속에는 부단한 노력과 훈련만이 승리의 길이라는 것을 강하게 말하고 있다.

그가 현재 아시아 최고 타자로 우뚝 설 수 있었던 건 단지 우연이 아니다. 그의 지독한 연습이 그를 그 자리에 있게 했다. 그는 남들보다 훨씬 연습량이 많았다. 하루 1,000개씩 방망이를 휘둘렀다. 그래서 오른손 손가락은 습진과 물집투성이었다. 그의 좌우명은 "진정한 연습은 결코 배반하지 않는다"이다. 연습은 결과를 있는 그대로 보여주고 거짓말을 하지 않는다.

세계적인 첼리스트 요요마도 이승엽 못지않은 연습벌레다. 그는 한 언론과의 인터뷰에서 "장래의 요요마를 꿈꾸는 젊은 첼리스트들을 위해 조언을 해달라"라는 기자의 질문에 그는 짧고 명쾌한 대답을 했다.

"연습이 가장 중요합니다."

천재는 타고난다고 하지만 그는 그 말을 믿지 않았다. 천재는 연습벌레를 뛰어넘지 못한다고 생각했다. 그리고 위대한 연주자가 되기 위해 어떻게 해야 하느냐의 또 한번의 질문에 역시 이렇게 대답했다.

"반복되는 연습은 모두가 하기 싫어하는 것이지만, 연습은 죽을 때까지 매일 해야 하는 것입니다. 그렇지 않고서는 절대 위대한 연주자가 될 수 없습니다."

마지막으로 '작품의 완성은 오직 연습이다'라는 예술혼을 가진 일본의 대표적인 화가 후쿠사이의 일화를 소개한다.

어느 날 후쿠사이의 친한 친구가 그를 찾아와 수탉 그림을 그려달라고 부탁했다. 수탉을 그려본 적이 없고 난감했는데 친구의 부탁을 거절할 수 없어 그는 고개를 끄덕였다. 그리고 1주일 후에 오라고 했다. 1주일 후에 친구가 찾아오자 한 달 후에 오라고 미뤘다. 한 달 후 친구가 또 찾아왔는데 그는 또 한 달을 미뤘다. 그런 식으로 무려 3년을 미뤘다. 3년째 되던 해 친구는 더 이상 참지 못하고 후쿠사이를 찾아갔다. 그때서야 그는 수탉 그림 한 장을 내밀었다. 친구는 그림을 받아들고 이렇게 말했다.

"이거 한 장 그리는 데 왜 그렇게 오랜 시간이 걸렸나?"

그러자 후쿠사이는 친구를 자기 작업실로 데려갔다. 친구는 작업실 광경을 보고 깜짝 놀랐다. 작업실 안에는 구겨진 수탉 그림이 산더미처럼 쌓여 있었다.

누구나 그림을 그릴 수 있다. 그러나 그 그림이 작품이 되기 위해선, 위대한 작품이 되기 위해선 부단한 노력과 연습의 과정을 겪고 이겨내야 완성될 수 있는 것이다.

## 프로도 보이지 않는 곳에서 연습한다

프로만이 살아남는 시대다. 자기 분야에서 프로가 되기 위해선 연습과 훈련을 통해 자신의 변화를 꾀하고 발전시켜야 한다.

요즘 직장인들에게 중요시되는 덕목이 '프레젠테

이션 능력' 일 것이다. 프레젠테이션 능력을 갖춘 사람들은 그만큼 유리한 위치를 차지할 수 있다. 대부분 사람들은 그 능력이 약하지만 그렇다고 안절부절 못할 필요만은 없다.

누구나 다 처음부터 잘하는 것은 아니다. '애플'의 CEO인 스티브 잡스도 프레젠테이션을 하기 전에 엄청난 노력과 시간을 들여 수십, 수백 번 연습한다고 한다.

그만 그런 것이 아니라 인터넷 네트워크 업체인 '시스코'의 CEO인 존 챔버스도 프레젠테이션 전 몇 시간씩 투자해, 슬라이드를 넘기는 것부터 청중들 앞에서 어느 순간에 어느 방향으로 걸어 다닐지 등 철저한 리허설을 하는 것으로 유명하다.

세계 최고의 경영자들도 다들 연습을 하는데 연습도 하지 않고 무대포로 덤벼든다면 분명 실패하고 말 것이다.

우리나라 양궁 여자선수들이 올림픽마다 금메달을 딸 수 있는 비법은 간단하다. 외국 선수들이 하루 100발 정도 연습할 때, 한국선수들은 1,000발을 쏘기 때문이다.

'움직이는 기업' 이라는 별명이 붙은 보아, 이 작은 소녀가 벌어들이는 수입은 웬만한 기업의 매출을 훌쩍 뛰어넘는다. 아무리 천재적인 재능을 타고 났다고 해서 가능한 일일까? 그렇지 않다. 노력과 연습이 그 신화를 만든 것이다. 부러워하지만 말고 연습하고 훈련해야 한다.

이름이 곧 브랜드인 시대다. 자기 브랜드를 위해 지금 당신은 그 어떤 훈련을 하고 있는가? 연습과 훈련은 성공과 비례한다는 사실을 반드시 명심해야 한다.

방송국 촬영팀이 농구경기 중계를 위해 시합시간보다 대여섯 시간 일찍 경기장을 찾았다. 촬영팀 PD가 경기장에서 자유투를 던지고 있는 마이클 조던을 발견했다.

"경기하려면 아주 시간이 많이 남았는데 벌써 와 계시네요."

"예, 연습 좀 하느라고요."

마이클 조던은 몇 시간째 계속해서 자유투 연습만 했다.

그 모습을 보고 PD는 속으로 생각했다.

'농구 천재는 타고나는 게 아니라 만들어지는구나. 농구기술 중에서도 가장 단순한 자유투 연습에 이렇게 많은 시간을 투자하다니!'

"군대에서도 손이 굳는 것을 막기 위해 볼펜으로 버터크림 짜는 연습을 하루도 빠뜨리지 않았지."

자신의 저서 《빵 굽는 CEO》에서 김영모가 한 말.

### 제과기능장 김영모

1982년 서초동 6평 가게에 '김영모 과자점'을 세운 뒤, 맛 하나로 대형 체인 제과점들을 누르며 강남의 최고 명물로 부상시켰다. 프랑스에서 배운 천연발효 기법을 적용, 국내에 웰빙 빵의 붐을 일으키기도 했다. 1998년 대한민국 제과기능장이 되었다.

# 미치지 않고서 이루겠다는 생각은 버려라

## 추진할 수 있는 강렬한 의지와 집념이 필요하다

고추나 겨자를 보면 어떤 게 연상이 되는가. 연상되는 게 많이 있겠지만 머릿속에서 가장 먼저 떠오르는 단어가 있다. 바로 '열정'이다. '맵다'에 가장 가까운 색깔은 붉은색이다. 붉다, 붉다, 붉다를 자꾸 되뇌다 보면 머릿속에 온통 열정이 꽉 채워진다.

열정은 말 그대로 어떤 일에 열렬한 애정을 가지고 열중하는 마음이다. 그렇다면 열정을 다른 말로 대신한다면 그건 집념이라 할 수 있다. 그 일을 반드시 해내고 말겠다는 집념이 없으면 열정이 생겨나지 않기 때문이다.

집념이 우리의 삶에 미치는 영향은 뭘까? 그런 마음을 가진 자와 갖지 못한 자는 하늘과 땅 차이다. 그 이유는 성공한 사람들치고 집념의 가치를 중요시 생각하지 않는 사람은 없기 때문이다.

삼성생명 이수창 사장은 집념이란 단어를 무척 좋아한다. 한 강연회에서 지난날을 회상하며 이렇게 말했다.

"나는 회사에 출근하고 싶어 새벽 2시, 3시, 4시에 잠에서 깨어났습니다. 일이 좋고 일을 사랑했기 때문에 직장에 출근하는 것이 너무나 자랑스럽고 보람 있었습니다."

심지어 그는 "한때는 빨간 날이 싫었던 적이 있다"고 말하기까지도 했다. 얼핏 보면 오직 회사 일에만 미쳐 사는 일 중독증에 걸린 사람이라고 생각할지 모르지만 그가 일에 대한 뜨거운 집념의 시간을 보냈기에 그가 지금 최고의 자리에 오를 수 있었던 것이다.

요즘은 두루 모든 것을 갖춰야 성공하는 시대다. 머리가 좋다고 성공을 할 수도 있는 게 아니고 그렇다고 원만한 대인관계만으로도 성공을 바라본다면 너무나 세상을 쉽게 보는 것이다. 좋은 머리와 원만한 대인관계는 기본이며 더불어 미래를 내다보는 안목과 신제품에 대한 빠른 이해력도 필요하다. 그렇다고 끝나는 게 아니다. 가장 중요한 덕목인 집념이 추가해야 한다. 강렬한 의지로 일을 추진할 수 있는 집념 말이다.

제너럴모터스, 포드와 함께 미국의 3대 자동차 회사로 불린 크라이슬러를 창립한 월터 크라이슬러도 집념이 강한 사람이었다. 그의 첫 직장은 철도공장 청소부였다. 승진을 거듭해 선로 점검 등을 담당하는 기관차 과장이 되었다. 그는 "철도를 순조롭게 운영하기 위해서라면 하루 19시간이라도 일할 수 있다"고 열정적인 태도를 보였고 그렇게 실천했다.

그 열정은 자동차로 이어졌다. 운전도 할 줄 모르는 그는 덜컥, 자동차를 샀다. 그리고 석 달 넘게 헛간에서 자동차 엔진을 뜯어보고 또 뜯어봤다. "한 번도 타지 않으려면 뭣 때문에 자동차를 샀느냐"는 부인의 핀잔에도 아랑곳하지 않고 자동차를 사랑하고 그 사랑의 열매인 땀방울을 선사했다.

그렇게 해서 그는 자동차를 파는 것에 능통할 뿐만 아니라 자동차의 내부까지도 가장 잘 알고 이해하는 자동차 CEO가 될 수 있었다.

어떤 일에 집념을 쏟아 부으면 반드시 행복한 결실을 얻을 수 있다는 걸 모르는 사람은 없다. 그러나 그게 말처럼 쉽지 않다. 마음가짐도 중요하지만 현실적인 어려움과 고난을 극복하고 그 일을 끝까지 밀고 나가는 강한 실천적인 집념이 더 중요하다고 하겠다.

## 미쳐야 목표에 도달할 수 있다

실천적인 집념은 어디서부터 나오는가. 바로 절실함이다. 일을 진행하다가 다소 힘에 부친다고 해서 쉽게 포기해서는 안된다. '이게 아니면 다른 일을 하면 돼'라고 변명하거나 물러선다면 차라리 안하는 만 못하다. 시간과 노력을 낭비하는 그런 어리석은 일이 또 어디 있겠는가.

절실함이 강한 축구 선수가 있다. 그는 그 절실함을 집념으로 승화시켰다. 그리고 끝내 성공이라는 열매를 얻어냈다. 그는 2002 한·일 월드컵에서 히딩크 감독의 부름을 받지 못했다. 동료들의 4강 신화를 쪼그려 앉아 쓸쓸히 바라봐야만 했다. 동료 선수들은 병역 특례를 받았지만 그는 미련 없이 군입대를 했다.

제대 후 그에게 다시 기회가 찾아왔다. 바로 2006년 독일 월드컵. 그는 드디어 주전으로 발탁이 되었다. 그러나 시련은 그의 발목을 또 잡았다. 뜻하지 않는 부상으로 출전이 물거품이 된 것이다.

그러나 이번에도 좌절하지 않았다. 가슴속엔 절실함이 가득했기 때문이다. 이번이 아니면 안된다는 그 마음. 작은 무대이건 관중이 없는 무대이건 그는 이를 악물고 더더욱 열심히 뛰었다. 그 열정이 바다 건너 축구의 고향인 영국에 전해졌고 끝내, 그는 영국 프리미어리그 미들즈브러팀에서 매콤한 한국인의 집념을 선보일 기회를 획득했다. 그가 바로 이동국 선수다.

집념의 씨앗을 품고 사는 사람은 그 어떤 역경 속에서도 반드시 꽃을 피운다. 그게 집념의 힘이요, 집념의 증거다.

서점에 가면 '미치다'에 관련된 서적이 많이 눈에 뛴다. 그 제목을 보자면 '미쳐야 미친다' '1년만 미쳐라' 등 하나같이 집념을 강조하고 있다. 열정만큼 확실한 성공 키워드가 어디 있을까? 미치지 않고 얻을 수 없다는 불광불급(不狂不及)도 같은 이치이다.

지금 당신의 가슴은 얼마나 뜨거운지 손을 대보아라. 목표한 바를 이루겠다는 강한 집념이 언제까지 유효한 지 유통기한을 보아라. 집념은 꿈을 낳고 희망을 낳고 성공을 낳는다. 집념을 가진 자는 결코 꿈이 꺾이지 않는다. 집념이 남아 있는 한 당신의 무대는 지금보다 훨씬 더 넓어지고 세상이 좁아질 것이다.

목표를 가지고 그 목표를 이룰 때까지 가장 매콤하고도 뜨거운 집념을 토해내야 한다. 그것이 성공의 답이다.

파브르는 곤충에 미쳐 있었습니다.

포드는 자동차에 미쳐 있었습니다.

에디슨은 전기에 미쳐 있었습니다.

지금 당신은 무엇에 미쳐 있는가를 점검해보십시오.

왜냐하면 당신이 미쳐 있는 그것은 반드시 실현되기 때문입
니다.

-폴 마이어

# 4

## 문화·예술계

> "가장 미워하는 사람이요? 배반하는 사람이죠. 진심이나 사랑, 선의를 버리는 것은 가장 무서운 일입니다."

세계 데뷔 20주년 기념 공연을 앞두고 이뤄진 한 언론과의 인터뷰에서 조수미가 한 말.

## 성악가 조수미

1983년 이탈리아 로마 산타 체칠리아 음악원에 유학 이후, 이탈리아 시칠리의 엔나 콩쿠르(1985), 베로나 콩쿠르(1986) 등에서 1위 입상했다. 밀라노의 라 스칼라 극장, 런던의 코벤트가든 극장, 뉴욕의 메트로폴리탄 극장, 빈의 빈 국립극장, 파리의 바스티유 극장 등 세계 빅5 극장 무대에서 프리마돈나로 활약 중이다.

# 인생경영은 신뢰경영이다

## 신뢰를 잃으면 외로운 섬이 된다

자기가 잘났기 때문에 성공한 사람도 있겠지만, 대부분의 성공한 사람들을 분석해보면 그의 곁에 늘 좋은 파트너나 그를 믿고 따라주는 추종자들이 있었다. 다시 말해서 성공을 가능하게 한 건 인간관계의 승리였다고 볼 수 있다.

이와 관련한 조사결과도 있다. 미국의 카네기 연구소 조사에 의하면 성공한 사람들 중 15퍼센트는 자신의 능력이나 전문적인 지식이 자신을 성공으로 이끌었다고 말했고, 나머지 85퍼센트는 성공요인은 "좋은 사람들을 만났고 그 사람들과 좋은 관계를 유지했기 때문이다"라고 답했다. 결과적으로 보면 자신과 연관된 사람들에게 어떻게 대하고 어떤 마음을 주고받느냐가 성공의 열쇠인 셈이다.

생각해보라. 큰 기업에서 인력을 충원할 때, 신입사원은 대개 공채형식으로 뽑지만 경력직은 어떤가? 추천이나 스카우트를 통해 충원한다. 추천이나 스카우트는 모두 인간관계와 관련이 있다.

"전 직장에 내 부하직원이 있었는데 그 사람 실력도 뛰어나고 성격도 참 괜찮아."

"그 사람 실력은 뛰어난데 인간성이 좀……."

실력은 기본이지만 그 다음에 평가되는 건 그 사람에 대한 성격 또는 심성일 것이다. 그렇기 때문에 어느 자리이건 자신의 일과 인간관계에 있어 최선을 다해야 한다.

로버트 타운센드는 에이비스(AVIS)의 CEO가 되기 전 이런 일이 있었다고 말했다.

"에이비스에서 나를 CEO로 오라고 했을 때, 나는 렌터카에 대해 아무것도 모른다고 거절했다. 그러자 '당신은 사람과 관련된 비즈니스를 할 겁니다. 당신은 사람을 경영하기 위해 고용되는 것이지요. 당신이 렌터카 업계의 전문가처럼 생각하기 시작하면 바로 그 순간 해고될 것입니다' 라는 답이 돌아왔다."

결국 그는 CEO로 취임했고 에이비스 최초로 흑자

를 기록한 전설적인 리더가 되었다.

취업사이트 파워잡과 휴먼네트워크 연구소는 공동으로 최근 직장인 545명을 대상으로 조사한 결과다. 직장인들이 퇴사하거나 또는 퇴사하려고 했던 직접적인 이유의 1위는 단연 '인간관계'(35.6퍼센트)였다. 그 다음으로는 근무여건, 비전, 보수조건 등으로 조사됐다. 여기서 인간관계를 발전시킬 수 있는 요인이 무엇인가를 물었을 때, 43퍼센트가 인간관계가 급진전시키는 요인으로 '신뢰'를 꼽았다.

그만큼 인간관계에서 신뢰가 중요하다. 신뢰를 잃게 된다면 어쩌면 낙오자가 될 수도 있다. 신뢰는 곧바로 자신의 밥그릇과 관련이 되기 때문이다. 그런데 간혹 배신이나 배반을 일삼는 사람이 있다. 물론 그로 인해 당장의 이익을 볼 순 있겠지만 그건 잠시일뿐 결국 오래가지 못하고 마음 또한 불안감과 죄책감 때문에 마음이 황폐해진다.

### 자신의 이익보다는 남의 이익을 위해

오에 겐자부로의 《사육》이란 작품이 있다. 이 이야기는 신뢰를 저버리면 어떤 결과를 초래하는지 적나라하게 말해준다.

제2차 대전 당시 어느 마을에 커다란 비행기 한 대가 떨어진다. 저녁 무렵 마을 사람들은 흑인 병사 한 명을 발견한다. 마을 사람들은 쇠사슬로 흑인 병사의 양쪽 발목을 묶고 지하창고에 가두고는 짐승처럼 사육한다.

그러던 어느 날, 마을의 사는 한 소년이 흑인 병사를 도왔다. 그래서 흑인 병사는 자유를 누리며 살 수 있었다. 그런데 나라에서 흑인 병사를 끌고 오라는 지시가 내려졌다. 이러한 낌새를 알아차린 흑인 병사는 자기에게 자유를 주고 먹을 것을 주었던 소년을 인질로 잡고 심지어 소년을 죽이려고 한다. 결국 흑인 병사는 소년의 아버지 손에 죽고 만다.


작품 속에서 알 수 있듯 자신을 위해 배려와 도움을 준 사람을 배신하게 되면 결국 자멸한다는 것이다.

철학자인 마르틴 부버는 그의 저서 《나와 너》에서 현대인의 인간관계를 세 가지로 구분했다.

첫 번째는 '그것과 그것의 관계' 이다. 서로가 서로를 물건처럼 대하고 이용만 하는 관계다. 두 번째는 '나와 그것의 관계' 다. 둘 중 한 명만 인간적으로 대하고 다른 한 명은 이용만 하려는 관계다. 물론 이 관계는 오래 지속될 수 없다. 세 번째는 가장 완벽하고 바람직한 관계인 '나와 너의 관계' 다. 서로 신뢰를 최고의 덕목으로 알고 인간적으로 대하는 관계다.

배반과 신뢰는 한순간의 판단에 의해 결정된다. 자신의 이익만 생각한다면 그만큼 배반하기 쉽고 자신의 이익보다는 남을 더 생각하고 그걸 통해 내 것을 얻으려한다면 신뢰가 쌓이는 것이다.

마르틴 부버가 말한 세 가지 인간관계 중에서 지금 당신은 몇 번째 인간관계에 해당되는지 점검해보라. 세 번째에 해당된다면 별 문제가 없겠지만 만약 그렇지 않다면 반성하고 처음부터 다시 신뢰를 회복해야 한다.

인간은 섬이 아니다. 어차피 혼자서 살 수 없다. 삶은 인간 비즈니스다. 삶은 관계 비즈니스다. 때론 힘들 때 서로 기댈 수 있는 어깨가 필요하지 않겠는가.

"넥타이는 맬 뿐만 아니라 자를 수도 있으며, 피아노는 연주할 뿐만 아니라 두들겨 부술 수도 있습니다."

플럭서스그룹을 창시한 요제프 보이스를 만난 뒤,
퍼포먼스를 진행하며 백남준이 한 말.

## 비디오아티스트 백남준

도쿄와 독일에서 유학하며 전위적이고 실험적인 공연과 전시회를 선보이면서, 비디오아트를 예술 장르로 승화시킨 인물이다. 2006년 『타임』에서 '아시아의 영웅'으로 선정하기도 했다.

# 99를 이기는 1의 크리에이터가 되라

창조는 비용도 들지 않으며 최고의 수익을 준다

학력도 경력도 재력도 권력도 단 한 번에 뛰어넘을 수 있는 강력한 것이 있다. 그건 바로 '창조의 힘'이다. 창조는 자신을 남들보다 부각시킬 수 있는 좋은 방법이며 또한 자신의 사상을 표현할 수 있는 그릇이기도 하다.

법정 스님은 《산방한담》에서 이렇게 말했다.

"산다는 것은 끊임없이 자기 자신을 창조하는 일, 그 누구도 아닌 자신이 자신에게 자신을 만들어준다. 이 창조의 노력이 멎을 때 나무건 사람이건, 늙음과 질병과 죽음이 찾아온다. 겉으로 보기에 나무들은 표정을 잃은 채 덤덤히 서 있는 것 같지만, 안으로는 잠시도 창조의 일손을 멈추지 않는다. 땅의 은밀한 말씀에 귀 기울이면서 새봄의 싹을 마련하고 있는 것이다. 시절 인연이 오면 안으로 다스리던 생명력을 대지 위에 활짝 펼쳐 보인다."

삶이나 일이나 창조는 참으로 중요하다. 창조적이지 않는다면 늘 남이 먼저 찍어 놓은 발자국 위를 밟을 수밖에 없다. 함박눈이 소복이 쌓인 길 위에 가장 먼저 발자국을 남기고 싶지 않는가.

창조는 투자비용이 따로 필요 없다. 돈으로 하는 것이 아니라 남과는 다른 생각과 의문과 호기심으로부터 시작된다. 또한 사무공간도 필요 없다. 자신의 생각에 씨를 뿌리고 그 씨앗을 영글게 할 수 있는 조용히 명상할 시간만 있으면 충분하다.

창조는 구체적인 성과를 바꾸는 일도 중요하다. 머릿속에만 담아두면 그건 망상이나 잡념에 불과하다. 기존 사고의 틀에서 벗어나 새롭다고 생각한다면 발명의 이름으로 전환시킬 과감성도 있어야 한다. 물론 발명이라는 이름으로 세상에 나올 때는 수많은 시행착오와 경험이 당연히 필요하다.

이 세상에 우연한 것이 어디 있겠는가. 그 노력이 빛을 발한다면 분명 멋진 열매를 얻을 수 있을 것이다. 또한 창조는 특정한 사람들의 전유물이 아니다.

예술가나 신상품 개발자만 하는 것이 아니라 그 누구나 할 수 있다. 생각만 있고 의지만 있다면 가능하다.

생활 속의 불편함을 그냥 넘기지 말고 그것을 해결하려고 노력해보라. 그 과정에서 창조가 불꽃을 일으켜 위대한 발명으로 큰 성과를 얻게 될 것이다. 실제로 생활 속 불편함을 위대한 발명으로 승화시킨 두 인물이 있다.

## 넥타이를 자르는 사람이 되자

평범한 주부이자 공무원이었던 한 여자가 있었다. 그녀는 집안 청소를 하면서 종종 이런 생각을 했다.

'매일 같이 쪼그려 앉아 해야 하는 걸레질을 좀 편하게 할 수 없을까?'

생활의 불편함을 해결하려는 그녀의 노력은 결국 아이디어로 그리고 발명과 제품으로 이어졌다. 바로 '한경희 스팀청소기'이다. 이제 그녀는 연매출 100억 원의 회사를 운영하는 CEO가 되어 있다. 창조는 삶을 바꾼다. 창조는 미래를 바꾼다. 그 어떤 것도 그것을 이겨낼 수 없다.

다른 한 사람은 발명가 김순태다. 그는 어느 날 낚시를 하러 갔다가 갑자기 소나기를 만났다. 급히 텐트를 치려고 했지만 워낙 갑작스런 비라 어쩔 수 없었다. 텐트를 치는 동안 이미 옷은 흠뻑 젖고 말았다.

거기서부터 그의 창조는 시작되었다.

'우산처럼 재빠르게 펼 수 있는 텐트는 없을까?'

이 생각은 행동으로 옮겨졌고 보름 만에 15초면 설치되는 접철식 텐트를 만드는 데 성공했다. 그는 텐트의 특허권을 낸 뒤 그 특허권을 5억 원을 받고 텐트 회사에 팔았다. 그의 창조가 결실을 맺는 순간이었다.

창조를 위해선 기존의 사고를 뒤집어야 한다. 남들과 같은 시각보다는 다소 삐딱거린 시각이 필요하다. 나를 뒤집어야 세상을 뒤집을 수 있다. 면도기의 대표 브랜드인 '질레트'는 발상전환의 성공 사례다. 당시 면도기 회사들은 평생 쓸 수 있는 강한 면도기 소재를 만들기 위해 사력을 다했다.

그러나 질레트는 그 생각과 달랐다. 몇 번 쓰고 버릴 수 있는 값 싸고 얇은 소재를 만들었다. 결국 질레트는 1회용 면도기로 큰 성공을 거뒀다. 그 뒤로 질레트는 발상전환은 멈추지 않았다.

부동의 1위 브랜드로 자리 잡았지만 거기에 만족하지 않았다. '트렉 II'라는 이중 면도날을 출시해 최고조의 판매율을 보였지만 또 다시 면도기 헤드가 움직이는 아트라 회전 면도기를 선보였다. 그리고 곧이어 3개의 회전 면도날이 달린 '마하 3'을 내놓았다. 경쟁제품이 없기에 굳이 신제품을 내놓을 필요까지 없었지만 질레트는 하루가 멀다 하고 신제품을 내놓았다. 발상전환을 했기에 늘 최고의 자리를 지킬 수 있었다.

'80/20법칙' 이라는 것이 있다. 80의 힘보다 20의 힘이 더 강하다는 것이다. 요즘 시대는 소수의 창조자들이 다수를 먹여 살린다. 좋은 아이디어 하나가 쓰러져가는 회사를 살릴 수 있다. 좋은 아이디어 하나가 인생을 바꿀 수도 있다. 스스로를 살펴보자. 80에 속해 있는가 20에 속해 있는가?

혹시 넥타이를 가위로 자르는 사람이 있다면, 피아노를 두들겨 부수는 사람이 있다면, 그 사람을 이상한 시선으로 보지 말기 바란다. 세상을 뒤집을 사람일지도 모르니까.

"재능이 있다고 믿고, 근거 없는 자신감으로 무장해 밀고 나가십시오."

제2회 대한민국 대학영화제 개막식에 참석한
영화학도 후배들에게 봉준호가 한 말.

**영화감독 봉준호**
송강호, 김상경 주연의 영화 「살인의 추억」으로 흥행과 작품성에서
두루 호평을 받으며 떠올랐다. 이후 영화 「괴물」로 다시 한번 찬사를
받았다. 명실 공히 한국을 대표하는 영화감독이다.

# 자신감으로 잠재 능력을 번쩍 깨워라

*나 빼고는 하나같이 자신감들이 부족해!*

성공을 위해서, 인생 최고의 삶을 살기 위해서 우리에게 있어 신뢰라는 것은 무척 중요하다. 신뢰라 하면 나와 타인과의 관계에서나 존재한다고 생각할지도 모르지만 그전에 앞서 나와 나의 관계, 즉 자기 자신에 대한 신뢰가 우선되어야 한다. 자기 자신에 대한 신뢰가 충만한 상태, 그게 바로 '자신감'이다.

현대그룹을 창업한 정주영 회장은 어떤 사업에 앞서 철저한 계획과 준비 그리고 열정적인 추진력으로 정평이 나 있다. 그러나 무엇보다도 더 강력한 그만의 성공 노하우는 바로 자신감이다. 그에게 있어 자신감이란 성공을 끌어당기는 자석이요 도전을 발생시키는 발전기다.

그는 이렇게 말했다.

"나는 어떤 일을 시작하든 반드시 된다는 확신 90퍼센트에, 되게 할 수 있다는 자신감 10퍼센트를 가지고 지금까지 일했다. 안될 수도 있다는 회의나 불안은 단 1퍼센트도 끼워 넣지 않는다."

그가 말한 확신 90퍼센트도, 어쩌면 자신감에서 비롯되었을 것이다.

하루 세 끼 먹기도 어려웠던 시절, 그는 모든 이들의 반대를 무릅쓰고 조선업에 뛰어들었다. 강력한 추진력과 개척자 정신이 지금 우리나라 조선업을 부동의 세계 1위로 만들었다.

"나 빼고는 하나같이 자신감들이 부족해!"라며 부하직원에게 호통 쳤던 그의 자신감이 재능과 능력 그리고 희망을 만들어낸 것이다.

아무리 뛰어난 재능을 가지고 있다고 해도 그 재능을 밖으로 꺼내 발전시키지 않는다면 소용없다. 그건 잠재능력이란 이름으로 평생 마음의 감옥에 갇혀 지내야 한다. 얼마나 안타까운 일인가. 재능은 꽃씨와 같다. 너무나 땅속에 오래 묻어두면 썩고 만다. 자신감이라는 영양분으로 힘을 실어줘야 땅을 뚫고 나와 줄기를 뻗고 꽃을 피우고 열매를 맺게 된다.

내 안에 재능은 무궁무진하고 또한 언제 어디서 어떤 일에 부딪히더라도 항상 잘 해낼 수 있다는 자신감을 가져야 한다. 스스로 자신의 가치를 낮추거나 자신감을 잃은 사람은 절대로 자신의 재능을 기대 이상으로 끌어올릴 수 없다. 자신감은 숨어 있는 재능도 발견하게 되고 또한 성과도 함께 올려준다.

흔히, 사람들은 성공한 사람들을 보며 부러워하고 또한 맹목적으로 그를 따라하려고 한다. 그러나 더 중요한 것은 누구에게나 그 재능이 있지만 그 재능을 실천으로 이끄는 것이다.

누구에게나 재능이 있게 마련이다. 그 재능에 자신감을 더하면 거인 같은 큰 힘을 지니게 될 것이고 자신을 무능력하다고 생각하고 항상 실패의 두려움에 떤다면 그 재능은 개미보다 더 작게 줄어들 것이다.


## 자신감 안에는 괴물 같은 힘이 산다

윈스턴 처칠의 유년시절은 그다지 따뜻하지 않았다. 아버지의 괄시에 어머니의 무관심 그리고 학교 선생님에게 칭찬보다는 꾸중을 더 많이 들었다. 또한 건강도 그리 좋지 않아 폐렴을 늘 달고 살았다. 그럼에도 불구하고 그는 총리라는 최고의 자리까지 오를 수 있었다.

그가 그 자리에 오를 수 있었던 건 자신의 환경이나 처지에 굴복하지 않고 끊임없이 '나는 할 수 있다'는 자기 주문을 통해 단 한 순간도 자신감 놓치지 않았고 "절대, 결코, 무슨 일이 있어도 중간에 포기하지 마라. 가장 큰 승리는 대개 최후에 오는 법이다"라는 좌우명을 가슴 깊이 새겼기 때문이다.

요즘 대학 입학이나 아니면 작은 일거리를 구하려고 해도 기본적으로 면접은 치러야 한다. 그 면접을 잘 보려면 그에 관련된 지식은 필수이겠지만 그 다음으로 갖춰야 할 것은 자신감이다. 자신감을 잃은 채 자신을 신뢰하지 않는 사람을 합격시켜줄 면접관이 어디 있겠는가.

나중에 자기 사업을 할 때도 마찬가지다. 주인이 생기와 자신감이 넘쳐야 손님을 끌 수 있다. 늘 어깨가 축 처진 자세로 손님을 대한다면 그 가게가 오래가겠는가. 다소 실력이 부족하더라고 배짱이 있고 패기가 있다면 그건 어느 정도 받아들일 수 있다. 부족한 면은 앞으로 살아가면서 보충하고 발전시키면 되기 때문이다.

그러나 몸과 마음에 자신감이 배어 있지 않다면 그건 아무리 재능이 뛰어나더라도 그걸 다 발휘할 수도 없을뿐더러 자신감 없는 표정으로 몸을 배배 꼰다면 그건 이미 자신에 대한 신뢰나 실력을 스스로 떨어뜨리는 행위다.

무엇보다 먼저 자신감을 가져라. 그러면 일이 다 잘 풀릴 것이다. 무모하고 생각 없고 이해할 수 없는 자신감을 가져라. 남들의 시선에 구애받지 말고 남들의 의견에 움찔하지 말고 앞으로 달려가라.

망설이고 주저하고 남의 눈치를 보다가 시도조차 하지 않는 삶보다는 일단은 내 뜻대로 내 삶의 방식대로 밀고 나가는 것이 더 큰 성취를 얻을 수도 있고 후회도 없을 것이다.

자신감은 자신도 몰랐던 재능을 찾아주며 꼭꼭 숨어 있었던 미래에 대한 희망도 발견하게 할 것이고 등을 돌리고 있던 사람들도 다 돌아오게 만드는 괴물 같은 힘을 가졌다는 걸 알아야 한다.

자신감이 넘치는 사람들은 어느 정도의 시련과 비난과 고달픔을 껴안고 살아가는 걸 당연한 걸로 받아드린다. 그렇기 때문에 힘든 일도 거뜬히 해결하고 그만큼 성공에 가까이 갈 수 있는 것이다.

**패션디자이너 앙드레 김**

우리나라 최초의 남성 디자이너로 첫발을 내딛고, 국내 디자이너로
는 최초로 프랑스 파리에서 패션쇼(1996년)를 열었다. 120여 회의 국
내 패션쇼, 40여 회의 해외 패션쇼를 통해 극단적 노출을 자제하고
여성의 내적인 아름다움과 지성미, 교양미를 강조한 의상을 선보였
다. 일시적 트렌드를 배제하고 동양적 감성과 로맨티시즘에 입각한
독창적인 작품 세계를 구축했다.

제25법칙

# 스스로를 대변하는 나만의 컬러를 찾아라

## 남들과 다른 길이 성공으로 가는 길이다

어릴 때 TV 드라마를 보면서 이런 의문을 가진 적이 있다. '방송국은 돈이 얼마나 많이 있어서 드라마를 만들고 배우에게 출연료도 주는가' 하고 말이다. 나중에 이 모든 돈을 광고비로 충당한다는 걸 알고 고개를 끄덕인 적이 있다.

요즘 TV나 신문, 건물 옥상, 길거리 여기저기에 광고가 넘쳐난다. 알게 모르게 광고에 포위되어 살고 있는 것이다. 수많은 광고 속에서 여러분이 기억하는 것은 몇 개나 될까? 요즘은 더욱 효과적으로 자사의 제품을 알리기 위해 다양한 마케팅을 동원하기도 한다.

그 대표적인 마케팅이 바로 컬라마케팅이다. 컬라의 힘은 사람들의 인식 상에 오래 남기 때문에 적절히 활용하면 기대 이상의 광고 효과를 얻을 수 있다. SK는 빨강, S-Oil은 노랑으로 기억된다. 이들은 서로의 색을 침범하지 않는 범위에서 자신의 브랜드와 색깔을 동일시하는데 많은 광고비용을 지불하고 있다.

다양성이 인정되는 시대이지만 그 다양성이 묻혀 자신을 잃어버려선 안된다. 이 세상 오직 당신은 하나다. 그 누구도 흉내 낼 수 없고 같을 수도 없다. 자신의 존재를 부각시키고 자신의 목소리를 내기 위해선 남들과 달라야 한다.

남들과 똑같지 않을 때, 자기만의 독특한 생각을 가지고 있을 때, 틀에 박히거나 획일적인 행동이 아닌 자신만의 돌출행동이 자신의 색깔과 브랜드를 갖게 한다.

남들과 다른 것도 성공으로 가는 전략이다. 미국의 강철왕 카네기가 겪은 어린 시절의 일화다.

어느 날 카네기는 한창 공사 중인 현장을 들르게 되었다. 그곳에서 그는 사장으로 보이는 사람 옆으로 다가갔다. 그리고 호기심 가득한 얼굴로 그에게 물었다.

"여기에 지금 뭘 짓는 거예요?"

"이곳에 아주 큰 빌딩을 들어설 거란다. 백화점 같은 거 말이다."

카네기는 고개를 끄덕인 후, 다시 물었다.

"나중에 커서 아저씨처럼 훌륭한 사람이 되려면 어떻게 해야 하나요?"

그는 넉넉한 미소와 함께 말했다.

"저기서 일하는 사람들처럼 열심히 땀을 흘리면 된단다. 땀은 거짓말을 하지 않거든."

"그 정도는 저도 알아요. 다른 건 없나요?"

그러자 그는 잠시 생각이 잠기더니 마침내 말을 꺼냈다.

"빨간색 옷을 입으렴."

카네기는 고개를 갸우뚱거렸다.

"그게 성공과 상관이 있나요?"

그는 공사장에서 일하는 사람들을 가리켰다.

"자, 저기 일하는 사람들을 보렴. 다들 푸른색 옷을 입고 있지. 그런데 저기 저 사람을 봐. 빨간색 옷을 입고 있지? 나는 푸른색 옷을 입은 많은 사람들보다 저 빨간색 옷을 입은 사람이 더 크게 느껴진단다. 사실 그는 그다지 기술이 뛰어나진 않지만 자꾸 내 시선을 끌어당기는 힘을 가지고 있지. 빨간색 옷을 입었기 때문이야. 그래서 조만간에 내 가까이 두고 조수로 쓸 생각이란다."

성공한 사람들을 보라. 그들은 하나같이 남들과 다른 길을 가고 남들과 다른 생각을 하고 남들과 다른 표현을 하며 산 사람들이다. 남들과 같다면 그 어찌 사막에서 오아시스를 발견할 수 있겠는가?

## 나는 지금 어떤 컬러인가?

이 세상엔 수많은 행위예술가가 있다. 그들의 행위는 충격적이고 때론 엽기적이기도 하다. 신문을 통해 본 한 행위 예술가가 있어 소개한다. 아주 작은 소품과 작은 움직임인데도 큰 신선함으로 받아들여졌다.

미국의 뉴욕아트매거진 최근호가 소개한 중국의 문제적 예술가 이야기다.

행위예술가 한 빙(Han Bing)은 2000년부터 5년 넘게 '배추와의 산책' 퍼포먼스를 통해 중국은 물론 전 세계의 주목을 받고 있다. 그는 마치 강아지를 데리고 산책하듯 배추를 줄에 묶고 중국의 방방곡곡을 돌아다녔다.

베이징의 지하철, 쇼핑센터, 천안문 광장, 상하이와 만리장성에서도 그는 배추와 동행했다. 수년 동안 지속된 그의 배추 산책 퍼포먼스는 호평을 받았다. 단 한 번도 미술관을 찾은 적이 없는 수백만 명의 시민들이 예술 체험을 도왔고 실제로 사람들은 배추를 끌고 다니는 예술가 때문에 행복해했다.

물론 예술가에게는 작품 활동의 뚜렷한 목적이 있다. 그는 자신의 행위를 통해 정신을 차리고 창의적으로 살자고 시민들을 설득하고 싶은 것이다.

배추 하나로도 자신을 표현해내는 것, 얼마나 멋진 일이고 기발한가! 자신을 표현하는 방법이 어렵고 복잡한 것만은 아니다. 조금만 생각을 바꾸고 돌리면 가능한 일이다. 자신의 생각과 행동이 무슨 색깔인지 점검을 해야 한다. 아직 그 색깔이 선명하지 않다면, 그 색깔을 도드라지게 만들어야 한다.

지금 나의 색깔은 무슨 색인가? 흰색하면 연상되는 인물이 있으니 이미 늦은 것 같고, 나를 제대로 표현해주고 나에게만 어울릴 만한 그 색깔을 당장 찾아보는 건 어떨까?

"피할 수 없다면, 그렇다면, 즐기는 것, 오늘을 살 뿐, 그저 오늘을 견디며 살아갈 뿐……."

가장 '공지영적인' 문장을 뽑아달라는 기자의 질문에
공지영이 자신의 단편소설 〈섬〉에 나오는 글귀를 들어 한 말.

소설가 공지영
《무소의 뿔처럼 혼자서 가라》《고등어》《봉순이 언니》《우리들의 행복한 시간》 등으로 끊임없는 자기 변화와 삶의 치열함을 지닌 우리 시대 대표 소설가이며, 독자들로부터 많은 사랑을 받고 있는 베스트셀러 작가이기도 하다.

# 평탄한 길 뿐 아니라 자갈길도 열심히 달려라

## 중단하지 않으면 가능한 일이다

'마부위침(磨斧爲針)' 이란 말이 있다. 이 말의 뜻은 그 어떤 어려움이 끊임없는 노력과 인내만 있다면 이루고자 하는 일을 이룰 수 있다는 말이다.

중국 최대의 시인 이백(李白)이 한때 공부를 포기하려고 스승에게 말도 없이 산 아래로 내려왔다. 때마침 마을 입구에서 한 할머니를 만났다. 할머니는 도끼를 바위에 갈고 있었다. 이백은 고개를 갸우뚱거리며 할머니에게 물었다.

"어르신, 지금 뭐하십니까?"

"……"

할머니는 아무 대꾸도 없이 계속 도끼로 바위를 갈았다. 이백은 할머니가 못 들은 줄 알고 다시 물었다.

"어르신, 지금 도끼로 뭐하시는 겁니까?"

그러자 할머니가 귀찮다는 듯 말했다.

"도끼를 갈아 바늘을 만들 참이네."

할머니의 말을 들은 이백은 하도 어이가 없어서 피식 웃었다.

"어르신, 지금 그게 가능하다고 생각하십니까? 도끼로 바늘을 만들다니요."

그러자 할머니가 정색하며 단호하게 말했다.

"그만두지 않으면 가능하지."

이 말을 들은 이백은 크게 깨닫고 다시 산 위로 올라갔다. 그리고 학문에 전념했다.


마부위침은 여기서 유래한 말이다.

승리자의 삶을 살기 위해선 때로는 미련하다 싶을 정도로 인내가 필요하다. 인내하지 않고 얻을 수 있는 것은 이 세상에 없다. 겨울을 견디는 자만이 봄의 싱그러움을 느낄 수 있다. 우리 주위엔 유능하고 똑똑하고 잘난 사람이 많다. 그러나 그들이 모두 승리자가 되는 건 아니다.

미국의 30대 대통령 캘빈 쿨리지는 이렇게 말했다.

"무엇으로 인내를 대신할 수 있는가? 많은 재능이 있는 사람이 성공하지 못한다. 인내하지 못하기 때문이다. 교육을 많이 받은 사람이 성공하지 못한다. 왜냐하면 인내하지 못하기 때문이다. 때때로 용기 있는 사람도 실패하는 것을 보는데 이도 인내하지 못했기 때문이다."

또한 괴테도 인생에 있어 인내가 얼마나 큰 역할을 하는지에 대해서 이렇게 말했다.

"큰 뜻을 품고 그것을 완수하기 위해 가장 필요한 능력은 인내심을 가지는 일이다. 그밖의 것은 다 버려도 좋다. 별로 중요치 않다."

성공과 실패의 갈림길을 결정짓는 수많은 요소들이 있겠지만 그 가장 큰 요소는 인내일 것이다. 인생을 살다 보면 뜻하지 않는 위기나 역경이 갑자기 들이닥칠 때가 있다.

성공한 사람들은 그 위기나 역경을 만나더라도 언제나 돌파구를 모색하면 인내한다. 그 순간만 참고 견디고 5분만 참고 견디면 곧 어둠이 걷히고 태양이 뜰 거라는 믿음과 확신을 갖고 있다.

"인간은 날 수 있다"는 꿈을 가졌던 라이트 형제는 세상 사람들의 비난과 조소 속에서도 인내하며 연구에 몰두했다. 종이비행기에서 비상을 꿈꿨고 글라이

더에서 동력비행기를 이끌어낸 것이다. 인내는 곧 성공의 보증수표나 다름없다.

## 처음의 목표를 기억해 행복한 미래를 상상하라

나폴레온 힐은 자신의 책 《놓치고 싶지 않은 나의 꿈 나의 인생》에서 이렇게 말했다.

"탄소가 부서지기 쉬운 철을 강철로 변화시키는 것과 마찬가지로 인내력에는 인간의 성격을 변화시키는 힘이 있다. 인내력이 있으면 당신은 부를 추구하는 의식을 계발할 수 있으며, 그 힘으로 잠재의식이 항상 당신에게 부를 이루려고 기능을 개시한다. 아무리 뛰어난 명마일지라도 한 번 뛰어 열 걸음을 나아가지는 못한다. 그리고 아무리 하찮은 수레를 끄는 말이라도 먼 곳까지 도달하기 위해 중단하지 않는다면 명마와 같다. 어떤 경우라도 단념하지 않고 전진을 계속하는 자만이 최후에 승리할 수 있다."

세상과의 싸움, 경쟁자와의 싸움, 관계와의 싸움에서 승리하는 것도 중요하다. 그러나 가장 중요한 건 자신과의 싸움에서 승리하는 것이다. 결국 자신과의 싸움에서 이기는 자가 모든 승리를 이끌어낼 수 있기 때문이다.

로마 올림픽과 도쿄 올림픽 마라톤을 2연패한 최초

의 선수인 아베베는 우승의 비결을 이렇게 말했다.

"별다른 비결이라고는 없습니다만, 남과 경쟁해 이긴다는 것보다는 자기 자신의 고통을 이겨내는 것을 언제나 생각하고 있습니다. 마라톤은 대단히 고된 운동이기 때문에 숨이 차고 심장이 터질 듯합니다. 때로는 몸이 너무 무거워서 고통스러울 때도 있습니다. 그럴 때마다 자신의 컨디션을 가다듬어 평소와 같이 뛰어야 합니다. 나 자신의 고통과 괴로움에 지지 않고 마지막까지 달렸을 때 비로소 그것이 승리로 연결되었습니다."

자신을 이겨야 한다. 특히 요즘은 더욱 인내가 필요한 시기다. 우리나라는 OECD 국가 자살률에서 2년 연속 1위다. 10년 동안 자살률이 두 배 이상 증가했다. 이것 또한 인내의 부재 탓이다. 순간을 견디는 사람은 오늘을 견딜 수 있고 오늘을 견디는 사람은 인생을 견딜 수 있다. 그 인내의 끝은 분명 지금보다 더 나은 삶일 것이다.

인내는 성공으로 가는 디딤돌이기도 하지만 또한 삶의 애착을 갖게 하는 햇살 같은 마음이다. 지금 힘들고 괴롭다고 달리는 것을 멈춰서는 안된다.

인생이라는 마라톤은 초반의 기세가 중요하지 않다. 더 중요한 것은 누가 끝까지 완주를 하느냐이다. 42킬로미터인데 41킬로미터에서 지쳐 쓰러진다 해도 다시 일어나 달려야 한다. 아니 힘들면 걸어서라도 가야 한다. 힘겨울 때 처음의 목표를 기억하고 그 목표의 끝에 찾아오는 행복한 미래를 상상하라. 한걸음 더, 한걸음 더, 그 한걸음이 모여 인생 최고의 정점에 오를 수 있는 것이다.

오늘도 한걸음 더 참고 즐기며 걸어갈 준비가 되었는가?

**Think Tank**

어느 날 공자의 제자 중 한 사람인 자로가 물었다.

"스승님, 사람이 지닐 덕목 중에 가장 으뜸이 무엇입니까?"

공자가 미소를 지으며 말했다.

"그저 느긋하게 참는 것이다. 천자가 참으면 나라가 해를 면하고, 제후가 참으면 나라가 커지고, 관리가 참으면 지위가 높아지고, 형제가 참으면 부귀하게 되고, 부부가 참으면 한평생 해로하고, 친구 사이에 참으면 명예를 얻고, 자신에 대해 참으면 재앙을 면할 수 있다."

"웃으면 살면 장동건이나 이효리가 부럽지 않아요. 새해엔 S라인 몸매보다 마음의 스마일 라인을 만들어보세요."

한 언론과의 인터뷰 중 최윤희가 한 말.

### 행복디자이너 최윤희

'웃음전도사', '행복디자이너'로 더 유명한 강연가. 청와대에서 교도소까지, 룸살롱 여종업원에서 벤처기업 CEO, 대학생, 기업체, 공무원, 주부, 시민들을 대상으로 전방위 강연 활동을 하고 있다. 대한민국 강사 중에서 가장 다양한 사람들에게 강연하고 있는 그녀는 '앙코르' 강의가 많은 강사로도 유명하다.

제27법칙

# 웃음이라는 비타민을 식후 30분마다 섭취하라

### 건빵엔 별사탕이 필요하다

자동차가 잘 굴러가기 위해서는 정기적으로 오일을 교환해야 한다. 오일을 교환하지 않으면 자동차 엔진에 무리가 가서 삐걱거릴 뿐만 아니라 자칫 잘못하면 큰 사고를 일으킬 수도 있다. 엔진을 부드럽게 하고 자동차가 부드럽게 굴러가기 위해선 그만큼 오일이 중요하다.

또한 건빵을 서너 개를 한입 가득 넣었을 때 어떤가? 팍팍해서 도저히 삼킬 수 없다. 목이 말라 당장이라도 물을 한컵 마시고 싶어진다. 그런데 물이 없다면 어떡하나, 하다못해 '별사탕' 이라도 있으면 그 팍팍

문화 · 예술계 185

함을 좀 가실 수 있다. 이처럼 팍팍한 건빵을 부드럽게 만들기 위해선 별사탕이 필요하다.

인생에서 꼭 필요한 오일이나 별사탕 같은 것이 있다. 그건 바로 '웃음'이다. 인생에서 웃음을 뺀다고 생각해보라. 모래바람이 날리는 삭막한 사막을 걸어가는 느낌이고 물고기 하나 없는 차가운 바다를 항해하는 느낌일 것이다. 이처럼 웃음은 인생이나 인간관계에서 꼭 필요한 요소이다.

전승훈 웃음 박사의 저서 《웃길래? 웃을래!》에 이런 대목이 나온다. 역사적인 남북의 정상회담이 평양에서 있었던 날 김정일 위원장이 조크를 날렸다.

"김대중 대통령께서 평양을 방문하셨기 때문에 제가 은둔(隱遁) 생활에서 해방되었습니다."

대단한 조크다. 그런데 잠시후 김대중 대통령이 맞받아쳤다.

"내가 평양에 올 때 아침을 조금만 먹고 왔습니다."

"아니 왜 아침을 조금만 드시고 왔습니까?"

"평양에 오면 맛있는 게 많다고 해서 아침을 조금만 먹고 왔습니다."

"하하하!"

미국의 성공철학자 지그 지글러는 웃음에 대해 이렇게 말했다.

"가능하면 보기 좋은 옷차림에, 미소와 좋은 태도,

그리고 유머 감각을 함께 갖도록 하라. 그렇게 하면 평균 이상의 급료를 받게 될 것이며, 인생에 있어서도 성공을 거두게 될 것이다. 일단 모든 것의 시작은 웃음이다."

웃음은 자신의 삶을 긍정적으로 바꾼다. 딱딱하고 어색한 인간관계를 부드럽고 친근하게 만들어주고 그 어떤 강력한 말보다도 웃음은 상대방을 설득시킬 수 있는 마법의 열쇠이고 성질난 사람의 화를 녹이게 하고 건강을 잃은 사람에게 다시 건강을 되찾아주는 특효약이기도 하다.

실질적으로 웃음을 통해 건강을 되찾은 사례도 있다. 1992년 위암 4기 판정을 받았던 김상태 목사는 3개월밖에 살지 못한다는 충격적인 선고를 받았다. 사실 위암 4기는 생존율 3퍼센트 미만이라는 최악의 상태다.

그러나 그는 포기하지 않았다. 몸 안에 있는 장기 대부분을 떼어냈는데도 그는 정상인 못지않게, 아니 정상인보다 더 열심히 사회 활동을 했다. 좌절과 고통 속에서 그가 붙잡은 건 바로 웃음이었다. 힘들 때마다 의식적으로 소리 내어 웃었다. 그 웃음은 몸을 바꾸게 했고 인생을 바꾸게 했다.

"전혀 두려움이 없었어요. 마음을 편안하게 갖고 계속 웃는 거예요. 마음속 깊은 곳에서 우러나오는 기쁨, 그거야말로 만병통치약이에요!"

그는 이런 말로 웃음의 중요성을 강조했다. 김상태 목사의 말을 뒷받침하는 연구도 있다. 미국 스탠퍼드 대학의 윌리엄 프라이 박사는 웃음의 효과에 대해 이렇게 말했다.

"사람이 마음의 기쁨을 가지고 한번 크게 웃을 때 평상시 움직이지 않던 근육 중 230개 이상이 움직인다. 이로 인해 혈액순환이 활발해져 산소와 영양분이 피부 곳곳에 전달돼 피부노화 방지에 효과가 있다. 사람이 1분 동안 마음껏 웃으면 10분 동안 에어로빅, 조깅, 자전거를 탈 때 일어나는 물리적 화학적인 긍정적 변화를 몸 안에 일으키게 된다."

### '펀펀(funfun)'한 사람이 성공한다

웃음은 한 개인의 변화를 줄 뿐만 아니라 한 기업문화에도 지대한 영향을 미친다. 이미 대다수의 기업들은 '펀(fun)경영'의 효과를 인정하고 또한 그대로 실천하고 있다. 강력한 리더십도 필요하겠지만 그에 못지않게 부드러운 리더십도 중요하다. 즐겁고 활기차고 행복한 기업 분위기가 직원들의 사기를 높여주고 생산성을 높일 수 있다.

미국의 사우스웨스트 항공사의 허브 켈러는 '펀 경

영'의 선구자와 같은 사람이다. 그는 1981년 CEO에 취임한 뒤, 직원 사이의 서먹서먹한 분위기와 건조한 인간관계를 바꾸기 위해 그는 자신의 독특한 개성을 반영하는 경영을 선택했다.

그는 아침마다 독특하고 다소 우스꽝스러운 복장을 하고 출근했다. 어떤 날은 토끼 복장을 하고 올 때도 있고 또 어떤 날은 엘비스 프레슬리 옷차림에 오토바이를 타고 올 때도 있었다.

그런 복장을 하고 회사 정문에 도착하면 그를 보는 직원들마다 웃음을 쏟아냈다. 그 웃음은 비웃음이나 불쾌한 웃음이 아니다. 권위적인 최고 경영자의 모습은 온데간데 없고 친근하고 귀엽기까지 한 그의 모습이 가족처럼 가깝고 부담 없이 느껴지기에 마음속에서 올라오는 유쾌한 웃음이다.

그는 거기에서 멈추지 않고 경비원부터 시작해서 출근길에 만나는 직원들과 자연스럽게 대화를 시도했다. 자신의 직무실인 3층까지 오는 데 무려 2시간이 소요되었다. 직원들에게 굳이 자신의 그런 모습을 보여주는 이유가 뭐냐는 한 기자의 질문에 그는 이것도 하나의 경영방식임을 밝혔다.

사실 재미와 즐거움뿐만 아니라 직원들의 애사심이나 결속력 그리고 생산성까지 올라가는 효과를 얻었다. 9.11테러 이후 대형 항공사들의 성장률이 마이너스를 달리고 심지어 도산하는 최악의 상태까지 겪는 사태도 발생했지만 사우스웨스트 항공사는 감축인원 없이 그대로 살아남을 수 있었다.

국내에서도 SK커뮤니케이션즈는 '펀경영'의 일환으로 사장부터 말단 직원까지 '개인 미니홈피'를 이용해 온라인상에서 일촌을 맺고 서로에게 도토리도 나눠주며 안부와 격려를 주고받는다.

웃음은 개인의 삶이나 기업의 문화에나 또한 치열한 비즈니스 현장에서나 유용하게 쓰일 수 있는 부드러우면서도 가장 강력한 무기이기도 하다. 행복하고자 한다면 일단 웃어라. 그 웃음 속에 성공과 행복이 묻어 올 것이니.

## Think Tank

대통령 후보 합동회견 자리에서 더글러스가 링컨을 가리키
며 이렇게 말했다.

"링컨은 말만 그럴 듯하게 하는, 두 얼굴을 가진 이중인격
자입니다."

링컨은 당황하지 않고 차분한 음성으로 응수했다.

"더글러스 후보가 저를 두고 두 얼굴을 가진 사나이로 몰아
붙이고 있습니다. 좋습니다. 여러분께서 잘 생각해보시기 바
랍니다. 만일 제가 두 얼굴을 가진 사나이라면, 오늘같이 중요
한 날 잘생긴 얼굴로 나오지 이렇게 못 생긴 얼굴을 가지고
나왔겠습니까?"

그리고 계속해서 이어 말했다.

"나처럼 밤낮으로 긴장하는 사람에게 웃을 일이 없었다면
벌써 죽었을 것입니다."

"용서 없는 사랑은 사랑이 아닙니다. 언짢은 마음을 품으면서 듣기 좋은 말을 하거나, 기도하는 것은 위선입니다. 오늘 용서할 일은 오늘 해야 합니다."

『매일신문』과의 인터뷰에서 이해인이 한 말.

**수녀·시인 이해인**

강원도 양구에서 태어나 필리핀 성루이스대학교 영문학과와 서강대학교 대학원 종교학과를 졸업했다. 현재 부산 성 베네딕도회 수녀로 봉직하고 있다. 1976년 첫 시집 『민들레의 영토』를 펴낸 이래 8권의 시집, 7권의 수필집, 7권의 번역집을 펴냈다. 그녀의 책은 종파를 초월해 많은 독자들의 사랑을 받고 있으며 초중고 교과서에도 여러 시가 수록되어 있다. 여성동아대상, 새싹문학상, 부산여성문학상, 올림 예술대상 가곡작시상, 천상병 시문학상 등을 받았다.

# 세상에서 가장 어려운 일, 용서를 베풀어라

## 용서는 어렵기에 더욱 베풀어야 한다

죄를 짓거나 나에게 손해를 끼친 사람을 용서하기란 여간 어려운 일이 아니다. 이미 나의 마음 한구석에 지울 수 없는 상처를 안겨준 사람을 어찌 편안하고 너그럽게 용서할 수 있겠는가.

그렇다고 평생을 미움과 원망과 시기를 가슴에 담고 살 수도 없는 노릇이다. 용서하지 않으면 상처 난 마음을 아물게 하기보다는 그 상처를 더 덧나게 하고 키우게 된다. 상처에 용서라는 물을 주면 그 상처는 아름다운 꽃이 되겠지만 미움의 물을 주면 그 상처는 흉측한 악마의 꽃이 되고 만다.

오직 용서만이 상처를 치유하는 길이고 또한 상대방을 이해하고 진정으로 사랑하는 길이다. 그러고 보면 예수의 사랑이나 부처의 자비는 다르지 않다. 그 안에는 모두 용서라는 위대한 마음을 품고 있기 때문이다.

만약 누군가를 용서하지 못하고 누군가를 미워하고 원망하며 복수심을 키우며 살아간다면 그 삶 또한 평온하지 못하다. 결국 손해를 보는 사람은 잘못을 저지른 사람이 아니라 나 자신이다. 미움과 원망을 품고 있으면 그건 내 몸에 독이 되어 몸을 상하게 하고 영혼을 황폐화시킨다. 나를 위해 용서하고 남을 위해 사랑을 베푸는 것이 건강하고 아름답게 이 세상을 사는 것이다.

지금 누군가에게 미움과 원망의 감정을 가지고 있다면 이제 그만 놓아라. 붙들고 있다고 한들 모든 것을 되돌릴 수 있는 것도 아니다. 미움과 원망을 놓는 순간, 마음의 평화와 평온이 찾아와 더 행복한 삶으로 갈 수 있다.


용서하는 마음은 바다보다 하늘보다 넓다

고난을 극복한 사람도 훌륭하지만 그보다 더 훌륭한 사람은 어쩌면 용서를 하는 사람인지도 모른다. 고난은 내 자신의 문제이지만 용서는 나와 타인과의 문제이다. 고난은 스스로 이겨내면 그만이지만 용서는 타인을 이해하고 타인을 받아들여야만 모든 것이 해결되는 것이다.

용서는 다시 말해서 관계를 회복하고 타인에게 새 출발을 할 수 있도록 기회를 주는 것이다. 용서하는 자와 용서받는 자는 과거의 족쇄에서 벗어나 새로운 삶으로 가볍게 한발을 내딛을 수 있게 된다.

용서는 사람을 변화시키는 최선의 복수이다. 대통령에 출마한 링컨을 가장 괴롭힌 사람은 스탠턴이었다. 스탠턴은 미국 전역을 다니며 링컨을 "깡마르고 무식한 사람"이라고 헐뜯었다. 대통령이 된 후 링컨은 주위의 반대를 무릅쓰고 스탠턴을 국방부 장관으로 임명했다.

"그는 나를 비난한 사람이지만 그래도 국방부 장관으로는 그만한 인물이 없습니다."

링컨은 용서로 스탠턴을 받아들인 것이다. 링컨이 죽은 뒤 스탠턴은 그에 대해 이렇게 회상했다.

"그 분께서는 우리 시대 최고의 역사적인 사람입니다. 세상을 변화시키는 힘을 가졌으며 창조적인 사람입니다."

링컨의 용서와 사랑이 스탠턴을 변화시킨 것이다.

용서에 관한 일화는 우리가 잘 알고 있는 빅토르 위

고의 《레미제라블》에서도 볼 수 있다. 알다시피 그 책에는 선하게 살려고 애쓰는 장발장과 평생 그를 끈질기게 따라다니며 괴롭히는 형사 자벨이 나온다.

자벨은 장발장의 과거를 집요하게 추적하고 그를 곤경에 빠진다. 때마침 프랑스 혁명이 일어나고 장발장을 존경하는 청년대원들이 형사 자벨을 잡아 장발장 앞에 데려왔다.

"저 놈을 죽여버려요. 당장 총살시켜요. 평생토록 당신을 괴롭혔잖아요!"

장발장이 미소를 지으며 말했다.

"난 저자를 그냥 돌려보내겠네."

그러자 형사 자벨이 그 이유를 물었다. 장발장은 이렇게 대답했다.

"당신은 날 미워할지 모르지만 난 그렇지 않습니다. 이 세상에는 넓은 것이 많이 있지요. 바다가 땅보다 더 넓고 하늘은 그보다 더 넓습니다. 그러나 하늘보다 더 넓은 것이 있지요. 그것은 바로 용서라는 관대한 마음입니다."

장발장 외에도 강감찬 장군에게도 용서의 마음을 배울 수 있다. 강감찬 장군이 전쟁에서 이기고 돌아오던 날 현종은 강감찬과 그의 부하들을 위해 축하연을 베풀었다.

그런데 연회가 한창 흥이 익을 무렵 강감찬 장군이

현종의 눈치를 살피더니 슬며시 일어났다. 현종이 강 감찬에게 물었다.

"장군, 무슨 일이오?"

"아닙니다, 전하. 잠시 볼 일이 있을 뿐이옵니다."

강감찬 장군이 밖으로 나오자 내시도 함께 따라나 섰다.

"장군, 무슨 불편한 일이라도 있사옵니까?"

그러자 강감찬 장군은 주위를 살피더니 조용히 말 했다.

"내 앞에 놓인 밥의 뚜껑을 열어보니 빈 그릇이더이 다. 아마도 누군가 실수를 한 것 같소."

순간 내시의 얼굴이 하얗게 질렸다.

"아이고, 죽을죄를 지었습니다. 잔치의 주인공이신 장군의 밥을……."

"아니오. 일부러 그런 것도 아니고 실수인데 조용 히 넘어가시오. 내가 먼저 들어갈 테니 오셔서 조용히 밥 한 그릇 놓고 가시겠소?"

"예, 그리 하겠습니다. 넓으신 아량 감사합니다."

용서의 마음을 지닌 사람들에게는 바다 냄새가 난 다. 그 마음이 바다보다 넓기 때문이다. 또한 하늘 냄 새가 난다. 하늘보다 더 높기 때문이다. 살다 보면 잘 못을 저지를 수도 있고 또한 누군가에 의해 큰 손해를 볼 수도 있다.

그때 손익을 따지기 전에 먼저 용서의 마음으로 상대방을 대해야 한다. 그러면 용서로 인해 더 많은 것을 얻을 수 있다.

용서는 배반하지 않고 반드시 우리에게 큰 선물을 남긴다.

**Think Tank**

당신을 용서한다고 말하면서

사실은 용서하지 않은

나 자신을 용서하기

힘든 날이 있습니다.


무어라고 변명조차 할 수 없는

나의 부끄러움을 대신해

오늘은 당신께

고운 꽃을 보내고 싶습니다.


그토록 모진 말로

나를 아프게 한 당신을

미워하는 동안


내 마음의 잿빛하늘엔

평화의 구름 한 점 뜨지 않아

몹시 괴로웠습니다.

이젠 당신보다

나 자신을 위해서라도

당신을 용서하지 않을 수가 없습니다.

저는 참 이기적이지요?

나를 바로 보게 도와준

당신에게 고맙다는 말을

아직은 용기 없어

이렇게 꽃다발로 대신하는

내 마음을 받아주십시오.


—이해인의 시, 〈용서의 꽃〉